DAS

# BUCH DES PROPHETEN NAHUM.

ERKLÄRT

VON

## DR. OTTO HAPPEL

PREDIGER IN KITZINGEN.

WÜRZBURG.

VERLAG VON GÖBEL & SCHERER.

1902.

# Vorwort.

Eine erneute Durchforschung der kleinen Prophetenbücher ist durchaus kein überflüssiges Unternehmen. Hinsichtlich jener Bücher, die in der Aufschrift keine chronologische Angabe enthalten — ein kaum zufälliger Umstand! —, dürfte besonders eine genaue Untersuchung über die Entstehungszeit am Platze sein.

Für die Erklärung des kleinen, aber schwierigen Buches Nahum hoffe ich in dem vorliegenden Kommentar, auf den sehr viel Zeit und Mühe verwendet wurde, einen Beitrag zu liefern. Besondere Aufmerksamkeit wurde der Erforschung der Zeitverhältnisse des oder vielmehr der Verfasser zugewendet, sowie der Textkritik; vgl. die Resultate S. 28—37.

Eine monographische Untersuchung über Nahum hat in neuerer Zeit nur O. Strauss 1853 veröffentlicht. L. Reinke hat uns eine selbstredend jetzt nicht mehr zulängliche Vorarbeit geschenkt: Kritik der älteren Versionen des Propheten Nahum 1867. Doch hat das Buch in neuester Zeit vielfaches Interesse gefunden, einmal infolge der Entdeckung, dass in Nah. 1 ein ursprünglich alphabetisches Gedicht erhalten ist und zweitens weil die Assyriologie die gegen Nineve gerichtete Weissagung Nahums in den Kreis ihrer Untersuchung zog. Allein es muss, was letzteren Punkt betrifft, gesagt werden, dass diese Untersuchungen mehr Verwirrung als Licht brachten, weil man von der Voraussetzung ausging, dass No Amon 3, 8 identisch sei mit dem ägyptischen Niu (Theben),

das Asurbanipal im Kampf gegen Urdamani um 663 eroberte und
zerstörte. Deshalb müsse, so schloss man, Nahum um 660 geschrieben haben. Freilich sträubt sich die ganze, von dem Buche
geforderte Situation gegen diese Ansetzung, wie Wellhausen
mit Recht einwendet, der aber, weil er die genannte Identifizierung
zugibt, durch sehr gewagte Annahmen der Schwierigkeit zu ent-
gehen versucht.

Ich glaube im folgenden die Voraussetzung der jetzt allgemein angenommenen Datierung als eine Irreführung jüdischer Gelehrten erweisen zu können, denn No 3, 8 ist nicht ursprünglich,
sondern eine spätere Interpretation. Das beweisen die Lesarten
der LXX und des Syrers, sowie die vom hl. Hieronymus bezeugte
jüdische Tradition. — Auch assyrische Wörter gibt es in Nahum
nicht. — Aus m. E. zwingenden Gründen, nämlich aus der
ganzen Art der Weissagung, die völlig nachexilischen Charakter
hat, aus den vorausgesetzten Zuständen Israels, aus der Schilderung
des Feindes (bes. 3, 4), ferner aus der 3, 8. 9 angegebenen politischen
Konstellation (vgl. Dan. 11, 42. 43) und aus der grossen Ähnlichkeit
der in den Makkabäerbüchern und in Nahum geschilderten Verhältnisse glaube ich schliessen zu müssen, dass das Buch N. in
der Zeit der syrischen Verfolgung entstanden ist. Dazu kommt
als äussere Bestätigung die jüdische Beziehung von 3, 8 auf das
ptolomäische Alexandria, womit der Syrer übereinstimmt. Auch
die älteste christliche Überlieferung sieht in dem „Nineve"
Nahums nicht die Hauptstadt Assyriens (Clem. Alex. Strom. 1, 21).
Nineve ist Deckname für das seleucidische Reich.

Kapitel 1 bietet ein höchst interessantes Problem. Mit einer
Deutlichkeit, wie sie sich schwerlich noch einmal im Alten Testa-
ment findet, lässt sich hier ersehen, wie ein hl. Ausspruch zur
Grundlage prophetischer Reden gemacht wurde und infolge von
Zusätzen, Weglassungen, Änderungen des Wortlautes und der Be-
ziehung eine Fortbildung und Geschichte erlebte [2]). Über diesen
Punkt habe ich eine Vorarbeit veröffentlicht: Der Psalm Nahum,

---

[1]) Der gleichen Datierung des B. Habackuk (in meiner Erklärung dieses
Buches, Würzburg 1900) hat inzwischen Riessler (Allg. Litteraturbl. 1900,
Nr. 23) zugestimmt.

[2]) Vgl. meinen Aufsatz in „Biblische Studien" VI. Bd., 1. und 2. Heft,
1901, S. 25—38.

Würzburg 1900, deren Resultat — von einigen unwesentlichen Änderungen abgesehen — auch nach erneuter Prüfung mir feststehen scheint. Diese Schrift S. 14—18 ist gemeint, so oft im folgenden auf die Tab(elle), d. h. die übersichtliche Zusammenstellung der verschiedenen Rekonstruktionsversuche des Urgedichts Nah. 1 verwiesen wird. Doch vgl. auch S. 47. 48 der vorliegenden Arbeit.

Kitzingen, Ostern 1902.

**Der Verfasser.**

# Inhaltsverzeichnis.

# I. Teil.

# Einleitung.

§ 1.

## Inhalt.

### I. Kap.

a) 1. Rede 1, 2—10. Mut! Gottes gerechtes Gericht muss den Feind Israels völlig vernichten und eine abermalige Knechtung verhindern.

Der gerechte Gott straft die Seinen zeitweilig, vernichtet aber völlig seine Feinde (2—3 b). Sein Gericht ist unwiderstehlich (3 c—6); es dient zur Errettung der Guten (7—8 b), deshalb ist Kleinmut derselben nicht am Platze, die Vernichtung des Feindes ist endgültig (9 ac 10).

b) 2. Rede 1, 11—15 (2, 1).

Der Feind, der Belial, sinnt Böses gegen den Herrn, darum erfüllt sich an ihm die Drohung Gottes (11—13); Israel aber wird aus der Knechtschaft errettet (14 a b) und vom Drucke des Heidentums befreit und erhält Ruhe (14 c d). Schon erscheinen die Friedensboten auf den Bergen (15).

### II. Kap. (2, 2—14). Die feindliche Macht (Stadt) muss fallen, damit Israels Glanz wieder hergestellt werde.

1. Verkündigung des Gerichtes: Der Herr zieht heran gegen die Stadt, die Israel geplündert hat. Sie möge sich wehren! (2. 3).
2. Schilderung des Gerichtes in vier Strophen.
   a) Der Feind, der dem Herrn ausser der Stadt zur Abwehr entgegentritt, kämpft als ein Mensch gegen Gott, darum gerät er in Verwirrung und alle Anstrengung ist umsonst (4—6 b).
   b) Die Feinde ziehen sich hinter die Mauern zurück und rüsten sich zum Widerstand. Umsonst, die Thore müssen sich öffnen,

die Stadt wird bis zum Grunde zerstört, die Einwohner fort-
geschleppt. Was fliehen kann, flieht. Nineves Kriegsmacht,
ehedem gewaltig wie ein Strom, zerfliesst (6 c — 9 b).

c) Während die Einwohner verwirrt hin und her fliehen, plündern
die Sieger die reiche Stadt (9 c — 11).

d) Klagelied: Die Höhle des Löwen ist zerstört, die jungen Löwen
frisst das Schwert, all sein Raub ist dahin, seine gerühmte
Macht zu Ende (12—14).

**III. Kap.** Trotz all seiner Macht verfällt der Feind der Vernichtung zur Strafe für die äussere und geistige Unterdrückung der
Völker.

1. Schuld und Strafe in zwei Strophen: 1—4; 5—7.

a) Wehe der Blutstadt! voll von Trug, Gewalt und Raub. Ihr
naht das Gericht. Schon stürmen die Rosse und Wagen des
Racheheeres heran. Es blitzen die Schwerter und die Speere.
Überall Leichen (1—3). Das kommt über die schöne Zauberin,
weil sie verkauft (verführt) die Völker mit ihren Buhlereien
und mit ihren Zaubereien die Nationen (4).

b) Wegen ihrer Hurerei (Götzendienstes) wird sie nackt vor die
Augen der Völker hingestellt werden (5) und wegen ihrer
Zauberei (Götzendienstes) wird sie allen zum Schauspiele werden
(6). Alle werden sich über Nineves Schmach freuen, niemand
wird es trösten (7).

2. Umsonst vertraut die Stadt auf ihre Machtmittel. 4 Strophen:
8—11; 12—15 b; 15 c—17; 18—19.

a) Bist du etwa stärker als Amon (d. h. die Menge), die starke
Stadt, deren Wall das Meer, deren Mauer das Wasser ist? (8).
Du bist zwar auch stark, Kusch, Ägypten und Libyen sind deine
Bundesgenossen; aber sogut als die „Menge" dem Feinde in
die Hände fallen wird, wirst auch du dem Feinde unterliegen
(9—11).

b) Nineve fällt trotz seiner starken Befestigung. Die Festungswerke fallen wie Feigen, wenn man die Bäume schüttelt. Die
Verteidiger sind feige wie Weiber. Inmitten der sorgfältig in
Stand gesetzten Festungswerke frisst sie das Feuer, vertilgt sie
das Schwert (12—15 b).

c) Umsonst vertraut N. auf seinen Reichtum und seine Volksmenge. — N. mag fett und zahlreich sein wie Heuschrecken:
wie diese am Morgen hinwegfliegen aus ihrem nächtlichen
Schlupfwinkel, so wird Nineves Gemisch davonfliegen — spurlos (15 d—17).

d) Triumphlied über Nineves Untergang: Es schlafen seine Hirten,
es ist das Volk über die Berge zerstreut. Sein Schlag ist
tödlich. Alle freuen sich dessen, denn über alle ist seine Bosheit ergangen (18—19).

Die von Billerbeck und Jeremias vorgenommene Umstellung in Kap. 2 und 3, nämlich 2, 2. 4; 3, 12—15; 2, 5—14;

3, 1—11; 3, 16—19, wird von Nowack mit Recht für unbegründet erklärt; sie zerreisst sogar mehrmals den Zusammenhang, z. B. in der Schilderung des Kampfes vor der Stadt 2, 4—6.

Die Übersetzung siehe im II. Teil vor der Erklärung. An den dort fett gedruckten Stellen ist vom MT. abgegangen; die Sternchen deuten an, dass die damit bezeichneten oder von ihnen eingeschlossenen Wörter nach LXX emendiert sind. Runde Klammern bedeuten Zusatz zum MT., eckige Klammern Streichung am MT.

## § 2.

# Das Buch Nahum. Seine Teile und Verfasser.

Gemeinsamer Inhalt der drei Kap. ist die Weissagung vom völligen Untergang eines gegenwärtigen Feindes, der, abgesehen von der Überschrift im 1. Kap., gar nicht genannt wird, im 2. und 3. Kap. aber mitten im Texte (2, 9; 3, 7) Nineve heisst. Im einzelnen zeigen sich bei einer eingehenderen Betrachtung aber ganz erhebliche Verschiedenheiten zwischen Kap. 1 einerseits und Kap. 2 und 3 andererseits.

1. Kap. 1 schildert den Feind ganz allgemein, ohne einen Namen zu nennen. Das einzige Wort, in dem man eine Beziehung auf Nineve sehen will מקומה „ihre Stätte" 8a, ist nach LXX zu emendieren: seine Widersacher. Kap. 1 betrachtet den Feind als Person, während er in den anderen Kap. als Stadt erscheint. Er ist als so bekannt vorausgesetzt, dass man seinen Namen nicht auszusprechen braucht. Erst mitten in der Schilderung wird zweimal Nineve genannt, als ob sich die Beziehung auf diesen Feind von selbst verstünde. — Als Schuld des Feindes betrachtet Kap. 1 vor allem seine Empörung gegen Gott; er ist Gottes Feind (2; 9), er sinnt Böses gegen den Herrn (11) und hat die Opfer und Festfeier aufgehoben (15). Nach Kap. 2, 3 hat er Israel geplündert und nach Kap. 3 sich durch Blutschuld und Gewaltthat (1) versündigt und dadurch, dass die Zauberin die Völker durch ihre Bublerei und die Nationen durch ihre Zauberei verkaufte (4). Kap. 1 setzt voraus, dass der Feind im hl. Land haust (1,5. 15) und hier vernichtet wird (Hier.), während die anderen Kap. denselben in seiner eigenen Stadt zu Grunde gehen lassen. Nach Kap. 1 vollzieht der Herr das Gericht selber und unmittelbar, nach Kap. 2 und 3 durch ein Heer, das Nineve belagert und erobert.

Verschiedenartig ist auch die Form der Darstellung. Die Kap. 2 und 3 schildern in bekannten prophetischen Bildern, mit kräftigen konkreten Zügen das Gericht über Nineve. Es spricht ein naiver

1*

Optimismus aus den Worten. Die Gewissheit über den Untergang
des Plünderers Israels, der Blutstadt, der Zauberin steht dem Propheten felsenfest; er braucht sie nicht durch Reflexion zu stärken.
Anders Kap. 1, das nicht eine siegesgewisse Schilderung des über
den Feind hereinbrechenden Gerichtes enthält, sondern vielmehr Re-
flexionen darüber, dass Gott vermöge seiner Eigenschaften sein
Volk aus der Hand des Feindes erretten müsse. Dies gilt besonders
von dem vorliegenden, überarbeiteten Texte, dessen Änderungen gegenüber dem Urgedichte gerade den Zweck haben, Zweifel und Bedenken
des Volkes zu zerstreuen. Man hat daher Nah. 1 mit Recht einen
Psalm genannt, der in seinem ersten Teile dem Inhalte und den
Ausdrücken nach auffallend an Ps. 18 (17) erinnert, vgl. 18, 7. 16.
17. 19. 27. 31.

Erwägt man noch, dass Kap. 1 ursprünglich alphabetische
Form hatte, so kann kein Zweifel sein, dass Kap. 1 mit den beiden
anderen Kap. ursprünglich nicht zu einer litterarischen Einheit verbunden war. So schon Berthold[1]), Bickell[2]) und Gunkel[3]),
während Wellhausen[4]) Kap. 1 für einen integrierenden Bestandteil
des Büchleins hält, das ursprünglich nicht alphabetische Gedicht ist
nach ihm von einem Späteren „poetisch" umgearbeitet worden, der
dabei in der Mitte stecken geblieben ist. Allein abgesehen von der
Unwahrscheinlichkeit der letzteren Annahme (s. Kap. 1 Das alphab.
Urgedicht), zeigt gerade Wellh. Versuch, die ersten beiden Kap. zusammenzufassen, deren Verschiedenheit nach Inhalt und Form.

2. Auch Kap. 2 und 3 bilden zusammen keine litterarische
Einheit in dem Sinne, dass das eine ohne das andere unvollständig
wäre[5]), wie dies z. B. bei den drei Kap. des Buches Habackuk der
Fall ist. Besonders Nah. 3 ist ein vollständig in sich abgeschlossenes
Stück. Doch der Anfang der beiden Kapitel, in dem die Schuld des
Feindes nur ganz kurz angedeutet ist (2, 3; 3, 1), und der Umstand,
dass der Feind nicht am Beginn, sondern später gleichsam gelegentlich
genannt wird, macht den Eindruck, als ob sie einst in einem grösseren
Zusammenhange gestanden wären, in welchem die nähere Schilderung
der feindlichen Gewaltthaten vorausging. Die Weglassung dieser Schilderung würde ganz der Tendenz von Kap. 1 entsprechen, das die
feindliche Not voraussetzt und in jenem Moment einsetzt, in welchem
der Eifer und Zorn des Herrn erwacht, so dass er den Feind mitten
im Lande Israel vernichtet 1, 2—10; vergl. Ez. 38, 18—23 dieselbe
Situation und zum Teil dieselben Ausdrücke. Nahum hat der Bedeutung seines Namens entsprechend die Aufgabe zu „trösten" und zu

---

1) Einl. in sämtl. Schriften des A. u. N. T. Erlangen 1814. IV. 1661: Die
drei Kap. sind von demselben Verfasser, aber jedes für sich in kurzen Zwischen-
räumen entstanden. B. Ansicht wurde mir erst bekannt, als meine Meinung schon
feststand.
2) Sitzungsber. der k. Akad. d. Wissensch. (phil.-hist. Kl.) 1894. No. 5.
3) Zeitschr. f. alttestl. Wissensch. 1893. S. 223—244.
4) Kleine Propheten 3. Ausg. 1898.
5) Vgl. Bertholdt l. c.

festem Vertrauen auf Gott zu entflammen und wendet deshalb den Blick einzig auf die bessere Zukunft.

3. Die drei Kapitel sind demnach als ursprünglich von einander unabhängige Stücke zu verstehen. Was ihre überall bezeugte Zusammenfassung zu einem Buche betrifft, so ist sicher nicht mit Bickel und Gunkel anzunehmen, dass Kap. 1 nur durch Zufall mit Nahums Orakel (Kap. 2. 3) in Verbindung gekommen sei. Schon das Fehlen des Wortes Nineve in Kap. 1 und die grosse Verschiedenheit der Darstellung hätte den Zufall verhindert. Liegt aber Absicht vor, so liegt darin der Beweis, dass in allen drei Kap. derselbe Feind und dieselbe Situation beschrieben wird. Wäre es anders, so müsste zwischen den drei Kap. irgend ein Zusammenhang ersichtlich sein, während sie offenbar parallel sind und jedes für sich abgeschlossen ist. Der Zusammenfasser erklärt, dass der Feind, der Kap. 2. 3 in seiner Stadt Nineve fällt, derselbe ist, der Kap. 1 im Lande Israel vernichtet wird resp. dass diese zwei Niederlagen identisch sind. Nun konnte man z. B. wohl 1813 nach der französischen Niederlage bei Leipzig ausrufen „Frankreich ist besiegt" oder „Paris ist gefallen", aber nicht nach der Einnahme von Paris 1871 „Der Feind ist auf deutschem Boden vernichtet", und so kann Kap. 1 die Erklärung sein von Kap. 2. 3, aber nicht umgekehrt. Daraufhin weist auch die subjektive Färbung und der fast aufdringlich (2 c—3 b) erklärende Ton in Kap. 1. — Die Sache erscheint mir also: Die Verfasser von Kap. 2. 3 weissagten gegen einen Feind, den sie Nineve nennen, und sie thaten dies, indem sie nach Art der älteren Propheten, z. B. Jer. 50; 51; Ez. 30, fremde Völker gegen seine Stadt heranziehen und diese zerstören liessen. Sehr auffallend ist schon der Umstand, dass die Gerichtsvollstrecker Gottes nicht, wie es sonst geschieht, genannt werden, was wohl andeutet, dass die Weissagung nicht buchstäblich zu verstehen, sondern die Zerstörung der Stadt die Vernichtung des Feindes bedeute, wie immer diese erfolgen möge. Wenn so die Stadt als pars pro toto steht, vergl. Jer. 50. 51; Apoc. 14, 8 (Babel), so muss naturgemäss die Vernichtung des Feindes als Untergang der Stadt beschrieben werden. Auch Apoc. 11, 8 ff. wird der Feind als Stadt (Sodom, sonst Babel) und als Land (Ägypten) bezeichnet, sein Fall aber nur als Zerstörung der Stadt geschildert. — Ein Späterer dagegen schilderte das über denselben Feind ergehende Gericht nach Art von Ez. 38, wonach er im Lande Israel gedemütigt wird (Nah. 1). Die Zusammenfassung beider Weissagungen sollte wohl für ungeduldige Zeitgenossen ein Wink sein, wie Nah. 2. 3 zu verstehen sei.

Auf eine solche Verschmelzung verschiedener Teile scheint auch die Überschrift: Last über Nineve. Buch des Gesichtes Nahums Haelkoschi — hinzuweisen. Diese Überschrift steht einzig da im A. T., da sie eigentlich zwei Aufschriften unverbunden nebeneinanderstellt, s. die Erkl. — der erste Teil passt zu Kap. 2. 3, während Kap. 1 ein Gesicht heissen kann.

4. Damit ist schon die Frage nach dem Verfasser dahin beantwortet, dass dem in der Überschrift genannten Nahum Kap. 1

zuzuschreiben sei, s. jedoch § 3, 5. Allein die Autorschaft Nahums ist einzuschränken auf die alphabetische Urform, von der Kap. 1 eine Überarbeitung ist. Ich glaube erwiesen zu haben, dass in Nah. 1 nicht die arge Korruption eines alphabetischen Gedichtes vorliegt, wie Bickell, Gunkel, Nowack annehmen, auch nicht der nur halbfertige Versuch einer alphabetischen Überarbeitung, wie Wellhausen glaubt, sondern eine absichtliche Überarbeitung, welche die alphabetische Urform noch durchschimmern lässt, aber sie nicht beachtet. Und zwar umfasst das vorliegende Kap. (1, 2—1, 15 = 2, 1 MT.) zwei Aussprüche, deren ersterer (2—10) die Überarbeitung (A) der ersten Hälfte des ursprünglichen Textes, nämlich der Verse Aleph bis Mem darstellt, während der zweite Ausspruch (12 b—1, 15) die Überarbeitung (B) des Restes, nämlich der Verse Nun bis Tau, ist[1]) und die V. 11. 12 a die Einleitung der Überarbeitung B darstellen. Für diesen Thatbestand scheint mir das rätselhafte האלקשי der Überschrift zu zeugen. Ich halte dafür, dass dieses Wort irrtümliche Wiedergabe einer Bemerkung ist, welche ursprünglich an der Spitze der Überarbeitung A stand. Das dieser zu grunde liegende Urgedicht begann (wie auch die Überarbeitung) mit אל Gott (V. 2) und schloss mit קש Stoppel (V. 10). Weil dieselbe aber nur ein Teil des Urgedichtes Nahums umfasste, machte der Überarbeiter oder ein Leser die Bemerkung: Gesicht Nahums von El bis Kasch. Da es jüdischer Brauch war, ein Buch nach dem ersten Worte zu benennen[2]), lag es nahe, zur Bezeichnung eines Teiles das Anfangs- und Schlusswort zu verwenden. Diesem Merkworte Elkasch wurde wohl der Sinn gegeben: Gott sammelt Stroh (קשש), d. h. den Feind, nämlich fürs Feuer. Daraus würde sich ergeben, dass Nahum der Verfasser des Urgedichtes ist. Eine spätere Zeit, welche die Überarbeitung A und B vereinigt und mit Kap. 2 und 3 zusammengestellt fand, verstand diese Sachlage nicht mehr und machte aus Elkasch durch Vorsetzung des Art. und Anfügung eines Jod ein nom. gentil. oder patron., was nicht mehr verwundern kann als die Thatsache, dass auch der Sinn vieler Psalmenüberschriften bald verloren ging.

Dieser Annahme ist vielleicht günstig, dass weder c. sin. (ἐλκαισέου), noch vatic. (ἐλκεσαίου), noch Vulg. (Elcesaei) den Vokal o bieten. Auffallend ist die Erklärung von Elcesaei durch Hier.[3]): advocati; er übersetzt אל mit ad (wie Elnathan = ad dantem s. addentem) und קש (Verb.) mit vocatus (rufen, holen, sammeln, Soph. 2, 1?), zerlegt das Wort also in zwei Wörter, wie wohl auch Chald.: Beth-Koschi thut. Vielleicht liegt eine nicht mehr verstandene Überlieferung vor. Als eine solche, welche auf der richtigen Erkenntnis

---

[1]) Siehe meine Schrift: Der Psalm Nahum (Nahum 1). Würzb. 1900 und unten 1. Kap.: Das alphabetische Urgedicht.

[2]) Nach Mercati, Note di letter. bibl. e christiana antica, Roma 1901. S. 1—7 ist unter dem „Buche des Gerechten" (Jos. 10, 13) eine Liedersammlung zu verstehen, die mit dem 1. Psalm begann, als dessen erstes Wort auch von Sym.: ἄμεμπτος = ישר, der Gerechte gelesen wurde.

[3]) Hier. de nom. hebr. (Migne XXIII, 831. 832).

der ursprünglichen Bedeutung von Elkasch beruht, ist m. E. die sonst unverständliche Stelle bei Epiphan.[1]) zu betrachten: *Ναούμ υίὸς Ἐλ-κεσαίου ἦν ἀπὸ Ἰεσβεῖ.* Ein Ort dieses Namens ist unbekannt, ebenso wie Elkosch. Sollte darin ein spielender Hinweis zu erblicken sein, wie Elkaschi zu verstehen ist? In diesem Falle wäre *Ἰεσβεῖ* ent-standen aus יבשׁי (wie das ursprünglich wohl vor בקׁשׁ stehende Wort zu lesen ist) V. 10. Der Zusatz dieses Wortes, dessen Konsonanten-umstellung leicht erklärlich ist, sollte vor Missverständnis bewahren.

Elkosch wurde, wie Hier. (in prologo) und Cyrill. Al. berichten, als Name des Vaters gefasst, wird aber seit diesen ausschliesslich als Geburtsort Nahums betrachtet. Hier. beruft sich auf seinen Führer, der ihm einen kleinen verfallenen Flecken (viculus) in Galiläa mit Namen Elcesi (al. Elcesaei) gezeigt habe. Cyr. (com. ad 1, 1) stützt sich auf die Überlieferung und bemerkt, dass der Ort jedenfalls (*πάν-τως που*) auf jüdischem Boden liege. Eusebius hat im Onomast. die einfache Bemerkung: *Ἐλκεσὲ, ὅϑεν καὶ Ναοὺμ ὁ Ἐλκεσαῖος*, woraus, wie A. Jeremias[2]) bemerkt, nicht folgt, dass Eus. einen Ort dieses Namens wirklich gekannt hat. Sie kann einfache Schlussfolgerung aus Nah. 1, 1 sein.

Auffällig ist die verschieden überlieferte Form des Namens: El-cesi, Elcesai, *Ἐλκεσε, Ἐλκεσεῖν* (Hesych.), nirgends aber Elcosch, wie doch das Wort heissen müsste, von dem אלקׁשׁי als nom. gentil. ab-geleitet sein soll. So schon Gesenius (thes.)[3]). Diejenigen, die Hier. folgen, denken an das heutige El-Kauze, 2½ Stunden südwestlich von Tibnin. Viele pflichten der von Epiphanius l. c. bezeugten Über-lieferung bei: [*πέραν τοῦ Ἰορδάνου*, diese Worte fehlen in einer zweiten Lesart desselben Epiph. (Migne XXXXIII, 409) und sind wohl irr-tümlich zugefügt[4])] *εἰς Βηγαβὰρ ἐκ φυλῆς Συμεῶν*; Hesych. de vit. proph.: *ἀπὸ Ἐλκεσεῖν, πέραν τοῦ Τηνβαρεῖν* (s. O. Strauss p. VI). Doroth. de vit. proph. hat wie eine Lesart bei Epiph. (Migne XXXXIII, 417): *Βηϑαβαρά*, was = בית עבר zu sein scheint. Epiph., Doroth., Hesych. stimmen überein, dass der Ort in Simeon liege. Demnach wäre Elkosch bei Beth Gibrin, d. b. Eleutheropolis, zu suchen.

Bei dieser Unsicherheit der Tradition wollten Neuere (Knobel, Prophet. der Hebr. II, 210) Elkosch mit Kaphernaum identifizieren. Aber nichts deutet darauf, dass das im A. T. nicht genannte K. den Namen Elkosch gehabt habe, und es ist zweifelhaft, ob der zweite Teil des Wortes נחום ist, da Josephus *Κεφαρνώμη* liest und Hier. ad Mat. 11, 24 נעום annimmt. Doch Syr. Mat. 4, 13; 11, 23 נחׁום, ebenso Talmud. Für diese Annahme ist der Ketzername[5]) *Ἠλξαί, Ἠλξαῖος, Ἐλκεσαῖος, Ελκασαι* (Theodor.), *Ἐλκής* (Joh. Damasc.) nicht

---

1) Epiph. de vit. proph. 17 (Migne XXXXIII, 417); eine andere Lesart an demselben Orte nimmt Elcesei als Ortsname.
2) Beiträge zur Assyriologie III, 1 S. 93.
3) Vgl. darüber Otto Strauss, Nah. p. III. 59.
4) Zeitschr. des deutsch. Palest.-Vereins I, 222 ff.
5) Darüber O. Strauss l. c. p. VII.

als Beweis zu gebrauchen, denn nach Epiph. adv. haeres. 19 bedeutet
der Name: vis (חיל) abscondita (כסה). Und wenn' wirklich der Ketzer
sich als Paraklet (Nahum) hätte ausgeben und Christus, der gern in
Kaphernaum ˙weilte, hätte nachahmen wollen, so konnte er diese um-
schreibende Bezeichnung einfach der Überschrift des Buches Nahum
entnehmen (A. Jeremias l. c.).

Ganz grundlos ist die von Eichhorn, Michaelis, Ewald, Fr.
Delitzsch verfochtene, neuestens von A. Jeremias für wahrscheinlich erachtete Meinung, dass Alkusch, zwei Tagereisen nördlich von
Mosul, der Geburtsort Nahums sei. Einmal tritt der Name dieses
Alkusch sehr spät auf (frühestens im 8. Jahrh. n. Chr.) und zweitens
stützt sich die Meinung auf die erst seit dem 16. Jahrh. nachweisbare
Nachricht vom Grabe Nahums in Alkusch [1]). Damit wird es stehen
wie mit dem Grab des Jonas in Nebî Junus, d. h. es liegt eine auf
der Ähnlichkeit der Namen aufgebaute Sage vor. Layards Nach-
forschungen beim sogen. Grabe des N. förderten keine alte Spur zu
·Tage [2]).

So erscheint die Tradition als hin- und herschwankend, sie sucht
augenscheinlich nach dem Heimatsort Nahums und klammert sich an
ähnliche Namen. So ist die Bemerkung des Hier. zu verstehen, die
übrigens nur auf der Autorität des· Führers beruht. Es war ein
אלקש nicht bekannt, wie schon daraus sich ergibt, dass sonst die von
Hier. und Cyr. gekannte Meinung, das Wort enthalte den Namen des
Vaters, nicht wohl hätte entstehen können. — Welchen Zweck hätte
es auch haben können, in der Aufschrift einer Weissagung als einzige
nähere Bestimmung des Propheten dessen jedenfalls obskures Geburts-
dörfchen zu nennen? Das wäre ein im A. T. allein stehender Fall.
Jer. 1, 1 ist Anathoth genannt, aber nicht allein, sondern: aus den
Priestern in A., um den priesterlichen Charakter des J. hervorzuheben.
Man beruft sich auf 1 (3) reg. 11, 29; 17, 1, allein hier handelt es
sich zunächst nicht um eine Aufschrift, ferner ist an ersterer Stelle das
als langjähriger Sitz der Bundeslade berühmte Silo genannt, während
an zweiter noch ein Zusatz steht; an beiden Stellen scheint übrigens
auf eine Prophetenschule hingewiesen zu sein, so dass der Name des
Ortes einen besonderen Zweck hat. Am meisten Ähnlichkeit weist
Mich. 1, 1 auf: המרשתי; allein abgesehen davon, dass LXX τὸν τοῦ
Μωρασϑεῖ übersetzen, ist noch fraglich, ob darin nicht ein Hinweis
auf Mich. 1, 14 מורשת (LXX κληρονομίας), vgl. 1, 15, liegen soll.
Nach jüdischen Auslegern fasst auch Hitzig das Wort appellativ.

Nach dem oben Gesagten hat man zu unterscheiden zwischen
dem Verfasser oder den Verfassern von Kap. 2 und 3, dem Verfasser
des alphabetischen Urgedichts Kap. 1, dem Überarbeiter (A) der ersten
Hälfte des letzteren und dem Überarbeiter (B) der ·zweiten Hälfte.
Da nach der Überschrift, die sich auf 1, 2—10 bezieht (אלקש), dieses

---

1) Assemani biblioth. orient. I, 525; III, 1. 352.
2) Zu dieser Frage vgl. Beiträge zur Assyr. III, 1. S. 92 ff.

Stück allein stand, so ist es wahrscheinlich der Überarbeiter B gewesen, der den Psalm Nahums mit Kap. 2 und 3 vereinigt hat.  Dazu stimmt, dass das Versmass von 1, 12—1, 15 sich dem von Kap. 2. 3 nähert (meist ungleich lange Zeilen!).

----

§ 3.

# Entstehungszeit des Buches.

Zur Bestimmung der Abfassungszeit bietet das Buch zunächst nur die wenigen historischen Namen als Anhaltspunkte: Nineve 2, 9; 3, 7, No Amon 3, 8, Assur 3, 18, sowie die politische Konstellation: Kusch-Ägypten-Libyen 3, 9 (Put ist nach LXX zu korrigieren).  Dabei ist No in No Amon, auf welchem Wort die jetzt allgemein gebräuchliche Datierung (um 660) allein beruht, und Assur nicht ursprünglich (s. die Erkl.), dagegen wird die politische Konstellation 3, 9, die m. W. bisher noch nicht zur Datierung herbeigezogen wurde, Licht in diese Frage bringen.

Es ist klar, dass die Namen: Nineve, Assur in ihrer gewöhnlichen historischen Bedeutung genommen werden müssen, solange kein zwingender Grund dagegen spricht.  Ebenso sicher ist aber, dass sie nicht unter allen Umständen so genommen werden müssen.  Die grossen historischen Feinde Israels können typisch für den Feind des Volkes Gottes überhaupt stehen; so ist Hos. 9, 3; Jes. 27, 13 Ägypten und Assyrien zu gleicher Zeit der Ort des Exils, was nicht zeitgeschichtlich gemeint sein kann; Zach. 5, 11 wird der Fluch nach Sinear = Babylon getragen, obwohl nach 2, 1 ff. die vier Hörner, d. h. die ganze Heidenwelt, Urheber der Leiden Israels sind, also Babylon = Feind Gottes.  Vergl. Apoc. 11, 8: Sodoma = Ägypten = die grosse Stadt, in der Christus gekreuzigt wurde; 14, 8; 17, 1. 15: Babel = alle Völker.  Ferner kann Assyrien für jene Reiche gebraucht werden, die auf dem Boden jener alten Grossmacht entstanden[1]).  So bedeutet Assur Thr. 5, 6 offenbar Babel, Esra 6, 22 Persien, nach Vielen, darunter Bellarmin, Ps. 83, 9: Syrien, wie auch Zach. 10, 10 11. Tob. 14, 4 (Sinait.) stehen Assur und Babel nebeneinander als Orte des Exils, obwohl bei der geschichtlichen Betrachtung damals vom babyl. Exil nicht die Rede sein konnte; demnach Assur = Babel.  Judith 1, 1. 7; 2, 1 herrscht Nabuchodonosor als König Assyriens in Nineve, Dan. 11, 6 ist das Land des Nordens, das sonst Assyrien oder Babylonien bedeutet, Syrien.  Für Syrien kann Assyrien um so leichter gesetzt werden, als der erstere Name eine Abkürzung des letzteren ist, wie denn auch die Verwechslung beider Namen bei den Griechen und

----

[1]) Vgl. Nowack, kleine Propheten S. 350. 367.

Römern nicht selten ist. In demselben Sinne können die Hauptstädte
Nineve, Babel für die Hauptstädte der späteren Reiche stehen. Vgl.
das Babylon des N. T., womit sicher, wenn auch nicht allein, das
römische Reich gemeint ist. Clem. Alex. versteht unter Nineve bei
Nahum die Hauptstadt der Babylonier, s. unten.

Ich halte in der That „Nineve" in Nah. für Deckname des
seleucidischen Reiches der Makkabäerzeit. — Dafür, dass diese Auffassung den Juden einst nicht unbekannt war, scheint mir zu sprechen,
dass Chald. und die von Hier. bezeugte jüdische Tradition die 3, 8
Nineve entgegengesetzte, noch stärkere Stadt Alexandria, die Hauptstadt des Ptolomäerreiches nennen[1]).      Denselben Sinn hat der von
Syr. 3, 8 statt No Amon gebotene Ausdruck: Javan Amonis = Griechen-
land Amons, ptolomäisches Reich; vielleicht auch die LA. des MT.
3, 17 מנזר = מסזר, insofern darin eine Anspielung auf 1. Macc. 5, 68;
10, 38 liegen könnte, s. § 4, I am Ende. Die älteste christliche Überlieferung bei Clem. Al. Strom. l. 1 c. 21 versetzt die Weissagung
Nahums in das babylonische Exil und stellt N. ausdrücklich hinter
Ezechiel und vor Daniel. Es kann demnach Clem. Al. (und ihm
stimmt in der Zeitbestimmung Cyr. bei, in neuerer Zeit Bochart. Phal.
p. 6) nicht an das histor. Nineve gedacht haben, das in jener Zeit
schon zerstört war.

Die Gründe, die zu meiner Auffassung m. E. zwingen, liegen
besonders in den in Nah. vorausgesetzten Zeitverhältnissen, die für
keine Periode der assyrischen Übermacht passen.

1.  Die ganze Art des Proph. Nahum weist in die nachexilische Zeit. — Von den vorexilischen Propheten sagt Nowack[2]) richtig, dass „sie in erster Linie Bussprediger sind, welche
die Aufgabe haben, das Volk zur Umkehr zu rufen". Anders bei
Propheten der nachexilischen Zeit (Now. spricht zunächst von
Hagg. und Zachar.): „Sie gehen nicht darauf aus, wie ein Amos u. a.
das übermütige, auf äussere Machtmittel vertrauende Geschlecht zu
demütigen — zu einer solchen Predigt fehlten die historischen Vor-
bedingungen —, sondern ihr ganzes Bestreben richtet sich darauf, den
Mut ihrer Zeitgenossen neu zu beleben. Darum tritt jetzt die Verheissung in den eigentlichen Mittelpunkt ihrer Predigt." All das
trifft noch mehr als bei Habackuk bei Nahum zu. Now. gesteht
selber (S. 229), dass N. seinen Blick nicht auf Juda richtet, sondern
auf den Feind, dass er mit keinem Worte von Israels Sünden redet
weder in der Gegenwart noch in der Vergangenheit, sondern ausschliesslich mit dem Gerichte über Nineve sich beschäftigt. Und er
zieht daraus nach Bertholet den Schluss, dass N. nicht wie seine
Vorgänger in Opposition zur herrschenden Partei stand. Allein wenn
ein Prophet, der Rettung aus schwerer Not verheisst, von Götzendienst
und Lastern schweigt, so ergibt sich daraus nur eine Schlussfolgerung,

---

[1]) Dagegen spricht nicht, dass auch Jer. 46, 25; Ez. 30, 14. 15 No von Hier.
und Chald. mit Alexandria gegeben wird, s. unten S. 13.
[2]) Handkommentar des A. T. III, 4 S. 300.

dass nämlich damals das Volk in seiner Mehrheit von grosser Schuld frei war. Wann war dies der Fall vor dem Exile? Etwa unter dem gottlosen Manasses, in dessen Zeit die Meisten Nahums Weissagung verlegen? Selbst nach seiner Bekehrung dauerte der Götzendienst fort, 2. Chr. 33, 17. Auch nicht unter Josias, wie die Klagen des Jerem. (2, 23; 44, 16) beweisen. Ein Prophet kann nicht Friede! rufen, wo keiner ist (Jer. 6, 14), sondern muss Bussprediger sein, wo Sünde ist. Zwar ist nach m. M. 1, 3 b: Ganz straflos lässt er nicht — eine Mahnung des Überarbeiters an Israel, das gegenwärtige Unheil als eine Prüfung und Strafe aufzufassen, die aber im Vertrauen auf Gott nicht irre machen dürfe. Allein hier ist jene allgemeine Sündhaftigkeit gemeint, die auch dem Gerechten anhaftet, Sap. 10, 15; vgl. Hab. 1, 12 (aber 1, 4. 13: Israel ist gerecht). Jedenfalls setzt eine derartige unbedingte Verheissung mitten in der Not eine gute Verfassung des Volkes voraus. Da 1, 2 c—3 b ein Einschub des Überarbeiters ist, so dürfen wir wohl darin eine spezielle Bezugnahme auf die damalige Stimmung erblicken. Diese aber entspricht der Gesinnung des treugebliebenen Volksteiles der Makkabäerzeit. Vgl. 2. Macc. 5, 17; 6, 12—16; 7, 18. 32—38: überall verbindet sich mit der geduldigen Hinnahme des Unheils als einer Prüfung die feste Zuversicht, dass der Feind in Bälde vernichtet wird. Dieselben Zustände herrschen im Volke nach Judith 8: kein Götzendienst, vgl. 5, 19—21: Vertrauen auf Gott, der barmherzig ist, wenn er straft.

2. Auf eine andere Eigentümlichkeit Nahums, die m. E. auf nachexilische Zeitverhältnisse deutet, macht gleichfalls Now. S. 229 aufmerksam. Er weist nach Bertholet darauf hin, „wie keiner der früheren Propheten sich mit grösserer Animosität gegen die Fremden hat vernehmen lassen, wie keiner mit grösserer Freude ihren Untergang begleitet". Insofern nirgends der Gedanke an eine Schuld Israels hervortrete, sondern die Vergewaltigung desselben nur unter dem Gesichtspunkte des Frevels erscheine, trete uns hier der Keim des Gedankens entgegen, dass Israel aller Welt gegenüber im Rechte sei, die Anfänge jener stolzen Verachtung der Gojim. Nur darin irrt Now., dass er meint: „Es beginnt sich der Gedanke zu regen, dass Israel genug gezüchtet sei und die Vergeltung bevorstehe, trotzdem eine innere Umwandlung des Volkes nicht eingetreten war." Ein solcher Gedanke ist einem Propheten fremd. Später sagt Now. S. 300, dass erst bei Hagg. und Zach. sich „die ersten Anfänge von jenem Gegensatz von Gottes- und Weltreich" zeigen. — Wie in Hab. das Gericht über die ganze Welt ergeht (Kap. 3), so auch in Nah. (1, 5); Israel fühlt sich von aller Welt bedrängt. — Damit hängt auch der auffallende Umstand zusammen, dass im Gegensatz zu den früheren Propheten die zeitgeschichtlichen Vollstrecker des über Nineve verhängten Gerichtes nicht genannt werden, vgl. Jes. 13, 7 (Meder), Jer. 51 (Meder), Ez. 30, 24 (Chaldäer)[1]. Nahum sieht eben die ganze

---

[1] Abgesehen ist von Soph. (2, 13—15), wo der Accent auf der Drohung gegen Israel liegt und nur vorübergehend von Nineve die Rede ist.

Heidenwelt gegen Israel verschworen. Weil von da keine Hilfe kommen
kann, muss der Herr selber helfen; so Kap. 1; 2, 2 ist der heranziehende Retter der Herr. Zwar hat Nahum nicht wie Ez. 38. 39
(Gog) den einen Feind vor sich, sondern dieser ist in zwei, sich
gegenseitig befehdende Gruppen geteilt: a) Nineve, b) die „Menge"
(אָמוֹן) 3, 8, die von Nineve noch nicht unterworfen werden konnte, und
die schon besiegten und Nineve als Hilfstruppen dienenden Kusch,
Ägypten und Libyen, 3, 9. Allein beide Gruppen des einen Feindes
haben sich des göttlichen Gerichtes schuldig gemacht, 3, 10. 11. Die
Feinde werden sich gegenseitig auffressen (Ez. 38, 21), der Rest wird
irgendwie und irgendwo, aber sicher zu Grunde gehen, 3, 11. Nirgends
hat ein vorexilischer Prophet dem Volke, an welchem die Macht des
Unterdrückers Israels zerschellte, den Untergang angedroht, wie dies
Nah. 3, 10 thut. Die ganze Situation passt einzig in die Zeit der
Kämpfe mit den Seleuciden. Damals standen sich das syrische und
das ptolomäische (3, 8. 9) Reich gegenüber, von beiden hatte Israel
viel zu leiden, beide waren ihm verhasst, beiden wünschte es den
Untergang, vgl. 1. Macc. 2, 10. Welchen Grund hätte Nahum, den
Ägyptern mit innerer Freude (3, 10) den Untergang zu wünschen, oder
nach Anderen an ihre Niederlage zu erinnern, wenn die jetzt zumeist
angenommene Zeit der Weissagung, etwa 660, wirklich richtig wäre?
Wenn damals Assyrien Israel bedrängte, so musste letzteres an der
Festigung Ägyptens das grösste Interesse haben. — Die unbestimmte,
allgemein gehaltene Verheissung vom Untergange des Feindes findet
sich ähnlich Hab. 1, 11; 2; 3, 16. 17; Dan. 11, 45. — Eine ganz
auffallende Ähnlichkeit mit Nah. 3, 9 hat Dan. 11, 42. 43 aufzu-
weisen: 42 er (der König des Nordens = Syriens) wird ausstrecken
seine Hand und das Land Ägypten wird nicht entrinnen (לֹא תִהְיֶה
פְלֵיטָה). 43 .... Libyer und Äthiopier sind in seinem Gefolge. Also:
der König des Nordens herrscht über Ägypten und dessen Nachbarländer, aber (V. 15) gleich darauf wird er, man weiss nicht wie, untergehen. Man vgl. damit Nah. 3, 9! Ich übersetze (zum Teil nach
LXX): „Kusch ist deine Stärke und Ägypten entrinnt nicht (oder:
K. ist deine Stärke, auch Ägypten, und zahllos sind deine Helfer),
auch die Libyer sind deine Bundesgenossen", s. die Erkl. Nirgends
anders findet sich diese politische Konstellation als an diesen beiden
Stellen; vgl. Jer. 46, 9; Ez. 38, 5. Es ist wohl an beiden Orten nicht
an eine streng historische Notiz zu denken, sondern der Sinn ist: mag
der Syrer auch Ägypten, mit dem er erfolgreich damals kämpfte, und
dessen Nachbarländer unterwerfen, er wird doch stürzen[1]). Es werden
beide Stellen kaum unabhängig von einander sein, wobei unentschieden
bleiben mag, wem die Priorität zuzuerkennen ist oder ob derselbe
Ursprung anzunehmen ist. — Antiochus IV. hatte mehrere glückliche
Feldzüge gegen Ägypten geführt, konnte aber Alexandria nicht ein-
nehmen[2]) und überhaupt seine Siege wegen des Einspruches der Römer

---

1) Vgl. Behrmann zu Dan. 11, 40 ff.
2) Liv. 44, 19; Polyb. 28, 16 sq.

nicht völlig ausnützen [1]). Auf diese Schwäche des Syrers weist Nahum
hin und tröstet damit die bedrängten Juden: der Feind ist nicht so
stark als ihr fürchtet, nicht einmal mit Alexandria wird er fertig, und
doch muss auch dieses als Hauptstadt Ägyptens, weil es das Volk
Gottes bedrängt hat, zu Grunde gehen. Das ist sicherlich ein ganz
anderer Trost, als wenn N. nach jetzt gewöhnlicher Annahme gesagt
hätte: der Feind hat zwar die starke Festung Theben (No) erobert,
aber er ist auch nicht stärker als dieses und wird dessen Sckicksal
teilen. Man tröstet doch die Bedrängten nicht durch den Hinweis auf
eine grosse Waffenthat des Feindes. — Dass 3, 8 eine ägyptische Stadt
genannt ist, ergibt der Zusammenhang; auf Theben oder eine andere
Stadt ausser Alexandria passt die Schilderung durchaus nicht. נא,
worauf alle neuere Datierung sich aufbaut, ist nicht ursprünglich, wie
LXX zeigen und Hier. ausdrücklich bezeugt. Ursprünglich ist: an
melior es ab (quam) Amon (המון = אמון). Amon = Hamon ist oft
Bezeichnung Ägyptens (Menge Ägyptens, Pharaos, Ez. 30, 10; 31, 18;
32, 18. 31) oder ägyptischer Städte (Jer. 46, 25; Ez. 30, 15). Nachdem Nah. 3, 8 die gemeinte Stadt durch die Schilderung deutlich ge-
kennzeichnet ist, braucht ihr Name nicht (wie z. B. Jer. 46, 25: die
Menge von No) beigefügt zu werden. Hamon, Amon hat die Bedeutung „die Menge", d. h. die auf ihre Menge und Grösse stolze, vgl.
Babylon illa magna Apoc. 14, 8, wie auch Chald. Nah. 3, 8 übersetzt:
Alexandria magna. Auch LXX scheinen Jer. 46 (26), 25 אמון wie
eine Art Eigennamen des ägypt. Volkes zu behandeln. Vgl. über
das Ganze die Erkl. zu 3, 8. Dagegen, dass hier Amon (No) das
ptolomäische Alexandria bedeutet, spricht nicht der Umstand, dass
Hier. auch Jer. 46, 25 und Ez. 30, 14. 15 No proleptisch, wie er an
letzterer Stelle ausdrücklich sagt, mit Alexandria übersetzt [2]). Denn
gerade Nah. 3, 8 scheint die jüdischen Gelehrten auf die Meinung gebracht zu haben, dass No der trühere Name von Alexandria gewesen
sei. Hier. (zu dieser St.) fasst mit Berufung auf seinen jüdischen
Lehrer Amon als identisch mit No; da aber Amon nach desselben
Hier. Zeugnis und nach LXX ursprünglich allein stand, so ist No die
Erklärung zu Amon, nicht umgekehrt. Da die Beziehung auf Alex.
durch Überlieferung feststand, so kam man auf die genannte Meinung.
Es kann nicht etwa die Glosse „No" die Beziehung auf Alex. ver-
aulasst haben, weil No durch LXX Ez. 30, 14. 16 mit Diospolis über-
setzt wird, worunter Hier. das ihm allein bekannte Diosp. parva im
Delta versteht (zu Ez. 30, 14). Von Nahum 3, 8 aus schloss man auf
Ez. 30, 14. 16; Jer. 46, 25 und sah in No die später Alexandria genannte Hauptstadt Ägyptens.

3. Von ganz besonderer Wichtigkeit für die Ansetzung der Abfassungszeit ist 3, 4, wonach die Hauptschuld Nineves darin liegt, dass

---

[1]) Liv. 45, 12; Polyb. 29, 11; Dan. 11, 30 (Κίτιοι, LXX: Ρωμαῖοι).
[2]) Com. in Ez. 30, 14: . . Alexandria, quae hodie sic vocatur. Caeterum
pristinum nomen habet No. . .; nos antem pro No Alexandriam posuimus per anti-
cipationem, quae graece πρόληψις appellatur; ähnlich zu Nah. 3,8, wo Hier. sich
auf die jüdische Ueberlieferung beruft: Alex. unter dem alten Namen No ist die
alte Hauptstadt.

„die schöne Buhlerin die Völker mit ihren Buhlereien verkauft und die Nationen mit ihren Zaubereien". Dies kann unmöglich als „betrügliche Freundschaft und arglistige Politik" erklärt werden, wie Hitze, Keil, Now. thuen, sondern kann nach dem Sprachgebrauch der Schrift einzig die Verführung zum Götzendienst bedeuten, vgl. Mich. 5, 11; 2 (4) reg. 9, 22 erklärt durch Apoc. 2, 20; 2 reg. 17, 17. Siehe die Erkl. zu 3, 4. Assyrien hat aber niemals den unterworfenen Völkern seine Götter aufgedrängt, sondern dies versuchte erst Antiochus Epiph. Die Situation in Nah. entspricht genau der in dem 1. Makkabäerbuche geschilderten Lage: die Völker liessen sich zum syrischen Kulte verführen (1, 41. 42); auch viele Israeliten liessen sich an das Böse, d. h. an den Götzendienst, verkaufen (1, 15: ἐπράθησαν, vgl. Nah. 3, 4); Antiochus sprach mit grossem Übermute (1, 24, vgl. Nah. 1, 11 und Dan. 7, 25; 11, 30. 36); der Feind stellte Götzenaltäre im Land und im Tempel auf (1, 44 ff., vgl. Nah. 1, 14) und hinderte die Opfer und Feste (ib., vgl. Nah. 1, 15; Dan. 11, 31). Nach dem Siege war es der erste Gedanke der Israeliten, den Tempel zu reinigen (4, 36) und die Feste nachträglich zu begehen (2. Macc. 10, 6, vgl. Nah. 1, 15). Vergleicht man noch Dan. 11, 31 ff., besonders 11, 32 (der König des Nordens wird die, welche am Bunde freveln, zu Heiden machen יַחֲנִיף durch Ränke), so ist es mir nicht zweifelhaft, dass in allen drei Büchern von denselben Ereignissen die Rede ist. — Bezüglich sonstiger Berührungspunkte ist schon auf die mit Dan. 11, 42. 43 übereinstimmende politische Konstellation in Nah. 3, 9 hingewiesen worden, sowie auf den Dan. 11, 45 und Nah. 3, 12 in ganz gleicher Weise geweissagten Untergang des Feindes. Auffallend erinnert Nah. 2, 2 ἀνέβη ... ἐξαιρούμενος an 1. Macc. 5, 12: ἐλθὼν ἔξελοῦ ἡμᾶς· Vgl. Nah. 2, 2: ἐξαιρούμενος (Gott) und 1. Macc. 4, 11: ὁ λυτρούμενος καὶ σώζων τὸν Ἰσραήλ; Nah. 1, 8 עָבַר שֶׁטֶף und Dan. 11, 40. MT. 2, 2 מֵפִיץ oder, wie Andere lesen, מֵפֵץ erinnert an Dan. 12, 7 נַפֵּץ der Zertrümmerer. Dass Nahum und die Makkabäerbücher beide das gegenwärtige Unheil als eine Prüfung betrachten, wurde schon gesagt.

Eine in die Augen springende Verwandtschaft mit Nah. 1 zeigt das Siegeslied der Judith (16): Assur zog gegen Israel mit furchtbaren Drohungen und Absichten (3. 4; Nah. 1, 11); gegen die Feinde aber erhebt sich der grosse und starke Gott, dem niemand widerstehen kann (13. 14; Nah. 1, 3. 6); er erschüttert die Berge und die Gewässer und Felsen schmelzen vor ihm (15; Nah. 1, 4. 5. 6. 8), denn der Herr ist gnädig gegen diejenigen, die ihn fürchten, aber er rächt sich an denen, die sich gegen sein Volk erheben (16. 17; Nah. 1, 7. 8 a. 9 b. 8 b). Nach dem Siege zieht das Volk nach Jerusalem und bringt Opfer und feiert Feste (18; Nah. 1, 15), und kein Feind störte auf lange Zeit Israel (25; Nah. 1, 15). Der Zerstörung des assyrischen Lagers und seiner Beraubung (15) entspricht die Zerstörung und Beraubung Nineves (Nah. 2. 3). Judith erzählt historisch, was Nahum weissagt. — Auch sonst stimmen die B. Nahum und Judith hinsichtlich der Zeitverhältnisse überein. Nach Jud. 8, 18; 5, 19—21 ist Israel frei von Götzendienst. Nach 4, 2. 3 ist es noch nicht lange aus

der Gefangenschaft zurückgekehrt, hat den Tempel, den Altar und die
hl. Geräte wieder gereinigt und fürchtet nun aber für den Tempel;
vgl. dazu 2. Macc. 10, 4, wo ebenfalls die Reinigung des Tempels
erzählt und gebetet wird, dass das Volk nicht nochmals den Heiden
preisgegeben werde (Gefangenschaft Jud. 4, 3 = Knechtschaft wie Zach.
10, 9. 10) [1]). Dieser Situation entspricht die vorwurfsvolle und mahnende
Frage Nah. 1, 9 a: Was denkt ihr denn vom Herrn? im Verein. mit
9 c. 10 a c: Nicht zweimal erhebt sich die Not u. s. f.

4. Die letztere Erwägung führt zur genaueren Bestimmung
der Abfassungszeit. — Die Frage Nah. 1, 9 bezog sich ursprünglich auf den Feind: Was sinnen sie gegen den Herrn? Der Herr
wird nicht zweimal an seinen Feinden Rache nehmen, d. h. er wird
sie einmal für immer vernichten. Die Reihenfolge der Verse war im
ursprünglichen Gedichte 9 b. 8 b c. 10 a. 9 a. 10 c. Siehe die Erkl.
Der Überarbeiter nahm eine Umstellung vor und änderte den Sinn:
Was denkt ihr (Israel) denn (kleinmütig) vom Herrn? Nicht zweimal,
d. h. nicht noch einmal erhebt sich die (eben abgewendete) Not. Diese
Änderung muss ihren Grund in den Zeitverhältnissen gehabt haben
und erklärt sich vollständig, wenn dadurch nach einem errungenen
Erfolge Israels dessen Mut gehoben und die noch bestehende Furcht
überwunden werden sollte, d. h. wenn die Überarbeitung in die Zeit von
2. Macc. 10, 4 und Judith 4, 3 fällt.

Demnach empfiehlt sich folgende Datierung [2]):

171. Antiochus IV. setzt den Hohenpriester Onias ab.

170. Siegreicher Krieg des Antiochus IV. gegen Ägypten. Anfang der Bedrückung der Juden, Entweihung des Tempels 1. Macc.
1, 20—28, vgl. ibid. 1, 11—15. In dieser Periode der anfangenden
Verfolgung ist wohl das Buch Habackuk entstanden.

169. Zweiter Zug des Ant. gegen Ägypten; vergebliche Belagerung von Alexandria, worauf Nah. 3, 8 angespielt ist, Liv. 44, 19.

168. Dritter Feldzug gegen Ägypten. Einspruch der Römer,
Liv. 45, 12. Überfall der Burg, Entweihung des Tempels, Abschaffung
des Opfers und der Feste. Der Gräuel der Verwüstung, Verfolgung
der Gesetzesgetreuen, 1. Macc. 1, 29—64. In diese Periode ist die
Entstehung von Nah. 2 und 3 zu verlegen, in welchen die Vernichtung
des Verfolgers im allgemeinen verheissen wird und noch kein Anzeichen einer Erhebung erkennbar ist, die den Untergang des Feindes
im Lande Israel selber zum Ziele hätte.

167. Erhebung der Makkabäer 1. Macc. 2. 3. Entstehung von
Nah. 1 in der Urgestalt, worin der Untergang des Feindes in Israel,
also der Erfolg der makk. Erhebung, geweissagt ist. Da in dem überarbeiteten Texte 1, 9 ein Erfolg der Juden vorausgesetzt ist, so fällt
die Überarbeitung A und B (denn es besteht kein Grund, letztere
später anzusetzen) in das Jahr 165, an dessen Ende Judas den Tempel
reinigt und den Kult wiederherstellt, 1. Macc. 4, 36 ff.; 2. Macc. 10.

---

[1]) Vgl. A. Scholz, Kom. z. B. Judith 1887 1. Aufl. zu 4, 3.
[2]) Zu den historischen Daten vgl. Behrmann, Daniel XXI.

(In den Anfang des J. 164 verlegt Behrmann l. c. die Entstehung
von Daniel.) Die beiden Aussprüche der Überarbeitung 1, 2—10;
1, 11—15 stellen sich demnach dar als Siegeslied bezüglich der errungenen Erfolge und zugleich als Weissagung weiterer Siege. 1, 2—10
legt den Nachdruck darauf, dass die Not nicht noch einmal komme,
1, 11—15 triumphiert, dass nun das Heidentum aus Israel vertilgt
wird. Es ist begreiflich, dass der leicht geänderte Vortrag einer bekannten Weissagung nach ihrer Erfüllung geeignet war, das Vertrauen
des Volkes zu steigern und kleinmütige Bedenken zu zerstreuen.

Bei der vorgetragenen Annahme der Entstehungszeit verschwindet
der scheinbare, durch die bisherigen Meinungen nicht ausgeglichene
Widerspruch, dass nach 1, 13—15 und Kap. 2 und 3 Israels Not
noch fortbesteht, zugleich aber 1, 9. 14 b von überstandener Gefahr
die Rede ist.

5. Gegen diese Zeitbestimmung kann nicht Jes. Sir. 49, 12 (10)
eingewendet werden, wonach die „zwölf Propheten" schon um 200 oder
nicht viel später bekannt gewesen seien[1]). Denn die von Ben Sirach
gelobten Männer kommen l. c. überhaupt als Schriftsteller nicht in
Betracht, sondern als Führer und Tröster ihrer Zeit, wie schon die
Zusammenstellung mit Josias und Zorababel beweist. Mit keinem
Worte ist auf eine schriftstellerische Thätigkeit, z. B. von Jes., Jer.,
hingewiesen und nur von Ezech. ist eine Vision (1, 4 ff.) und ein Bild
(vom Platzregen 13, 13) angegeben, die im Buche Ez. erhalten, aber
nebensächlicher Natur sind. Aus dieser Stelle allein könnte nicht
auf Bücher der genannten Männer geschlossen werden, auch nicht aus
dem Ausdrucke Sir. 49, 10 „Ihre Gebeine sollen aufleben", denn derselbe ist auch 46, 14 von den Richtern gebraucht. Dass die zwölf
Prophetenbücher des jetzigen Kanon jenen Sir. 49, 10 genannten zwölf
Propheten zukommen und damals schon alle existierten, kann ebensowenig gefolgert werden, als dass wegen der Erwähnung des lobsingen-
den David (47, 9—11) kein Psalm nach Sir. entstanden sein könne.
Die Stelle sagt nur, dass man ausser Jes., Jer., Ez. noch zwölf (runde
Zahl?) andere prophetische Männer verehrte. Dass von manchen prophetische Aussprüche schriftlich existierten, ist nicht gesagt, aber von
selbst wahrscheinlich. Allein die jetzige Zuteilung bestimmter Stücke
an die einzelnen Namen ist sicher nicht ursprünglich. Einmal machen
manche Bücher nicht den Eindruck einer anfänglichen Einheit, z. B.
Nahum, ferner scheint noch das N. T. die Propheten als ein Ganzes
zu nehmen, bei dem bald dieser bald jener Prophet das Wort erhalten
kann. Während z. B. Act. 13, 40 „in den Propheten" steht statt „bei
Habackuk", wird Marc. 1, 2 ein Ausspruch, der sich Mal. 3, 1 findet,
Jesaias zugeschrieben und Mat. 27, 9 wird die Stelle Zach. 11, 12. 13
dem Jeremias zugeeignet und zwar, wie man annimmt, weil in den
betr. Stellen an Aussprüche des Jes. resp. Jer. angeknüpft wird. Ähnlich wird derselbe Ausspruch Tob. 14, 4 (6) von Vulg. als Gotteswort

---

[1]) Theol. Literaturbericht 1900 No. 2 und Theol. Literaturblatt 1900 No. 50
erheben diesen Einwand gegen die gleiche Datierung von Habackuk.

im allgemeinen bezeichnet, von c. sin. an erster Stelle als Wort des Nahum, an zweiter Stelle als Wort „der Propheten" und von c. vat. als Wort des Jonas. So scheint die genaue Zuteilung des vorhandenen prophetischen Materials an die einzelnen Propheten, wenigstens an diejenigen, bei denen in der jetzigen Ordnung jede chronologische Angabe fehlt (Joel, Abd., Hab., Nah., Jon., Mal.), erst späten Datums zu sein. Auf eine andere Ordnung lässt auch die eigentümliche Überschrift der LXX schliessen, die jetzt vor Bel und Drache steht, aber einst nach dem Zeugnisse des Hier. (praef. in Dan.) vor Susanna stand: ἐκ τῆς προφητείας Ἀμβακούμ. Dem Propheten Hab. wurde demnach früher mehr zugeschrieben als das jetzige Büchlein dieses Namens. Wenn daher die Zwölfzahl in Sir. 49 nicht eine runde Zahl ist, sondern alle zwölf Namen damals wirklich schon als solche von geschichtlichen Männern bekannt waren, so ist anzunehmen, dass später entstandene prophetische Stücke einem jener zwölf Propheten, wohl mit Rücksicht auf die Bedeutung des Namens, z. B. Habackuk (Kampf), Nahum (Trost), zugeeignet wurden, was um so leichter möglich war, als die hl. Schriften dem Geiste Gottes als dem eigentlichen Verfasser zugeschrieben wurden (S. Greg. praef. in Job). So spricht z. B. in Sapientia der Verfasser unter dem Namen Salomon und nach der Ansicht von Hummelauer ist Deut. 12, 1—26, 15 von Samuel (1. Sam. 10, 25) und Deut. 26, 16—27, 26 von Josue (Jos. 24, 26) verfasst[1]). Es war dabei keineswegs ein frommer Betrug beabsichtigt, sondern die den Zeitgenossen wohlbekannten Verfasser wollten durch ihr Vorgehen nur bekunden, dass ihre Schriften im Geiste Mosis oder Salomons geschrieben seien, oder man wollte durch die Überschrift z. B. Nahum lediglich den Inhalt der Weissagung skizzieren.

6. Es sind nun noch die verschiedenen Ansichten zu prüfen, nach welchen der Prophet Nahum den 606 erfolgten Untergang des historischen Nineve vorausgesagt und deshalb vor 606 gewirkt hat.

Gegen alle erheben sich gemeinsame, gewichtige Bedenken:

a) Assyrien hat die Völker nicht zu seinem Götterkulte verführt; erst Antiochus IV. fasste den Gedanken, die unterworfenen Völker mit den Syrern zu einem Volke zu verschmelzen, und sah mit Recht in der religiösen Einheit das wichtigste Mittel dazu. S. oben.

b) Nicht bloss Kap. 1 setzt voraus, dass noch zur Zeit der assyrischen Niederlage Israel unter dem harten Drucke Nineves steht, sondern auch Kap. 2 und 3 setzen im Augenblicke der höchsten Not ein und verheissen die Wendung der Not infolge des baldigen Falles von Nineve (2, 2. 3) Es geht deshalb nicht an, wie Hier. und viele andere thun, Kap. 1 auf die Niederlage des Sennacherib, Kap. 2 und 3 aber auf die Zerstörung Nineves zu beziehen. Nun haben aber lang vor 606 die Assyrer Israel nicht mehr „geplündert" (2, 3) und sind nicht „hindurchgezogen" (1, 15). Wellhausen und Nowack meinen,

---

1) Bibl. Studien 1901 VI. Band 1. u. 2. Heft S. 15 ff.: „Die Worte Deut. 12, 8. wenn auch in persona Moysis gesprochen, sind nimmermehr von Moses gesprochen" S. 18.

die frühere Tyrannei Assurs lasse den Hass und die Schadenfreude
Israels auch für jene Zeit begreifen, in welcher dies nichts mehr von
Assur zu befürchten hatte.   Allein einmal ist es nicht Sache der Propheten, puren Hass zu wecken, und zweitens wird eben 1, 14. 15; 2, 3
die gegenwärtige, wenigstens nicht ganz gebrochene Knechtschaft Israels
vorausgesetzt [1]).   Verlegt man aber die Weissagung in die Zeit Sennacheribs oder überhaupt in eine weit von 606 entfernte Zeit, so hat
der Prophet sich getäuscht, als er die baldige Rettung vom Falle Nineves erwartete (2, 3).   Übrigens ist auch die Folge der Katastrophe
von 606 die Wiederherstellung „des Glanzes Jakobs" nicht gewesen.

Abgesehen von Flav. Jos., nach dem Nahum unter K. Joatham
(759—744) lebte, und von Clem. und Cyr. Al., die ihn in das babylonische Exil versetzen, hatte in der älteren Zeit am meisten Anhänger
die Meinung des Hier., der Nahums Weissagung in die Zeit des K.
Ezechias (727—698) verlegte.   So Theod., Theoph., Alb., Ribeira,
Lap. — Hier. stützt sich einzig auf die jetzige Stellung des Buches
im Kanon, gegen welche Berufung es genügt, auf die Stellung Jonas
nach Abdias zu verweisen.

In neuerer Zeit nimmt man allgemein an, dass Nahum unter
Manasses (698—644) geweissagt habe, wie dies auch die jüdische
Überlieferung (Seder Olam 20) thut.   Veranlassung sei die Wegführung
dieses Königs durch die Assyrer, 2. Par. 33, 11, gewesen.   Massgebend
für die Neueren ist die keilinschriftlich verbürgte Nachricht, dass Asurbanipal im Kriege gegen Urdamani von Ägypten um 663 Theben (Niu)
erobert hat [2]).   Einen Hinweis auf dieses Ereignis sieht man in der
Frage Nah. 3, 8: Bist du (Nineve) stärker als No Amon?, mit welcher
Bemerkung man vor dem keilinschriftlichen Funde so wenig anzufangen wusste, dass Hitzig 3, 8—10 streichen wollte.   Nahum beziehe
sich auf jenes Ereignis wie auf ein in frischer Erinnerung stehendes
und habe daher um 660 geschrieben.   In 3, 8 stelle der Prophet den
Fall des starken Theben als Bürgschaft für den Untergang des stolzen
Nineve hin.   So Schrader, Knabenbauer, Nowack u. a. — Dagegen hat Wellhausen (kleine Propheten) ernste Bedenken erhoben.
Erstens habe um 660 Nineve keine ernstliche Gefahr gedroht; die bestimmte Weissagung vom Falle Nineves sei aber nur für eine Zeit
verständlich, in welcher der Ansturm der vereinigten Babylonier und
Meder vorauszusehen war.   Zweitens könne aber auch in 3, 8 nicht
auf ein etwa 50 Jahre zurückliegendes Ereignis angespielt sein und
deshalb müsse eine zweite, spätere Eroberung Thebens angenommen
werden, auf welche Nahum verweise.   Drittens sei die Beziehung von
3, 8 auf das Ereignis um 663 schon deshalb unmöglich, weil eine an
an die Assyrer gerichtete Frage wie: Seid ihr stärker als (das von euch

---

1) Welte (Kaulen) in Herder's Kirchenlexikon 2. Aufl. Art. Nahum bemerkt
richtig, dass das Buch eine harte Bedrängung Judas durch die Assyrer voraussetzt
und dass eine solche nur zur Zeit Sennacheribs stattfand. Er nimmt aber diese
Not als vergangen an im Widerspruch mit 1, 14. 2, 2. 3, 5—7. 11.

2) Schrader, Keilinschriften u. Altes Testament 2. Aufl. S. 449—52.

vor kurzem eroberte) Theben? ihren Zweck verfehlen müsste, da die Angeredeten antworten würden: Gewiss sind wir stärker, wie wir das bewiesen haben. — Nowack lässt nur den ersten, auf der Voraussetzung der zeitgeschichtlichen Bedingtheit der Propheten beruhenden Einwand gelten, er verlegt deshalb die Weissagung N. gegen den Ausgang des 7. Jahrh., nahe an 606 heran und meint, wenn die Einnahme Thebens als eine kriegerische Leistung ersten Ranges lang in der Erinnerung der Völker blieb, so sei ein Hinweis darauf auch lange darnach möglich. Freilich habe damals, etwa um 610, Israel von dem durch die Meder und Skythen bedrängten Assyrien nichts zu fürchten gehabt, allein der aus Nah. sprechende Hass sei wegen der früheren assyrischen Tyrannei wohl zu erklären. Dagegen s. oben.

Der erste, auf dogmatischer Voraussetzung beruhende Einwand W. kann übergangen werden. Doch konnte jeder Prophet den sicheren Untergang jedes Bedrückers Israels bestimmt voraussagen, wenn ihm auch die Art des Untergangs nicht klar war. Thatsächlich allerdings setzt wenigstens 1, 9 voraus, dass damals der Höhepunkt der feindlichen Unterdrückung schon überschritten war. Der zweite Einwand ist prinzipiell berechtigt, allein die Annahme einer zweiten Einnahme Thebens ist unbegründet. — Um die aus den zeitgeschichtlichen Verhältnissen hergenommenen Schwierigkeiten zu heben, nimmt Kuenen an, Nahum spreche nicht vom Falle Nineves 606, sondern habe die nur von Herod. bezeugte frühere, erste Belagerung durch den Mederfürst Kyaxares im Auge. A. Jeremias meint, Nahum sei durch die Kunde vom Einfall der Skythen in Assyrien (um 626) zur Weissagung veranlasst worden, während Winkler (Alttestl. Unters. S. 127 ff.) den Anlass in der um 650 von Samassumukin gegen seinen Bruder Asurbanipal angestifteten Empörung erblickt. Allein all diese Bewegungen führten nicht zur Eroberung Nineves.

Volle Berechtigung ist dem dritten Einwand zuzuerkennen. Der Hinweis auf eine von den Assyrern eroberte starke Festung kann unmöglich ein Trost für die von denselben Assyrern bedrängten Israeliten sein, sowenig als eine Weissagung vom Falle der assyrischen Hauptstadt. Nimmt man die Frage 3, 8, wie sie der Form nach lautet, als an die Assyrer gerichtet, so kann sie nur deren Hochmut noch erhöhen, erwägt man aber ihre Wirkung auf Israel, auf welches doch der Prophet wirken will, so kann die Erinnerung an eine glänzende Waffenthat der Feinde nur die Furcht vermehren. Der Prophet will aber das Gegenteil erreichen. Wird z. B. beim Ausbruch eines deutschrussischen Krieges ein russischer Volksredner seine Landsleute dadurch zu ermutigen suchen, dass er spricht: Ist etwa Thorn fester als Sedan? oder: ist Berlin stärker als Paris?

Schon vor Wellhausen machte Gesenius[1]) auf die Unmöglichkeit, 3, 8 auf das von den Assyrern eroberte No zu beziehen, aufmerksam. Er dachte an eine Einnahme Nos durch die Skythen um 640. Nahum verkünde die Eroberung Nineves durch dieselben Feinde.

---

[1]) Hall. Lit. Zeit. 1841 Nr. 1.

2*

Allein selbst wenn der Bericht des Herodot I, 105 vom Einfall der Skythen in Ägypten richtig ist, bleibt doch die Thatsache bestehen, dass dieselben Nineve nicht erobert haben. — Ewald nimmt einen Untergang Nos infolge der inneren Unruhen in der ersten Hälfte des 7. Jahrhunderts an. Allein davon ist nichts bekannt, jedenfalls läge darin keine Weissagung des Falles von Nineve.

Wenn die Zerstörung des starken No die Juden in der Gewissheit des Falles von Nineve stärken soll, so muss eben derselbe, von dem man die Zerstörung N. erwartet, auch No zerstört haben. 3, 1—7 wird der Ansturm des Feindes, der sich entspinnende Kampf und sein für Nineve verhängnisvoller Ausgang geschildert. Der Prophet denkt sich nach dieser Weissagung eine Entgegnung Nineves, in der es sich auf seine Macht beruft. Die Antwort 3, 8 schliesst nur dann eine Widerlegung ein, wenn der Sinn ist: Wirst du dem Feinde mit mehr Erfolg widerstehen als No? Vgl. die ähnliche Frage Am. 6, 2, dazu Nowack. Aus dieser Erwägung sahen die alten Ausleger in 3, 8 nicht einen Hinweis auf eine vergangene Eroberung von No, sondern die Weissagung auf dessen künftige Zerstörung durch denselben, der auch Nineve nimmt. So Cyr., Hier., Theod., Rup., Lyr., Lap., Strauss. Meist dachte man an Nabuchodonosor, ja selbst an Kambyses und Alexander d. Gr. — Jedoch muss zugegeben werden, dass die pure Verweisung auf den zukünftigen Fall von No keinen grösseren Trost bieten würde als die Verheissung vom Falle Nineves selber, so dass demnach erstere zwecklos wäre. Es muss also den Zeitgenossen Nahums ein Faktum vorgelegen sein, dessen Erinnerung für Israel trostreich war. Ein solches wäre eine Eroberung Thebens durch die Babylonier vor 606; allein von einem solchen Zuge ist nichts bekannt und es fehlt dafür auch die Voraussetzung, solange Nineve nicht gebrochen war. Erst 568 ist ein Zug Nabuchodonosors nach Ägypten bezeugt und auch da geht aus den bei Suez gefundenen Inschriften nur die zeitweilige Besetzung einzelner Teile im Delta hervor. — Ein solch tröstendes Faktum läge aber auch vor, wenn Nineve einen erfolglosen Angriff auf Theben gemacht hätte. Der Sinn von 3, 8—10 (V. 9 futurisch genommen) wäre dann: Nineve ist nicht unüberwindlich, das hat sein Missgeschick vor No bewiesen. Und doch wird auch No fallen, wie viel mehr das schwächere Theben! Dieses Faktum liegt vor, wenn No 3, 8 als nicht ursprünglich gestrichen und Amon = Alexandria gelesen wird. S. oben § 3, 2 und Erkl. zu 3, 8—10. — Dagegen, dass 3, 10 von der Zerstörung einer Stadt durch die Assyrer die Rede sei, spricht auch, wie O. Strauss bemerkt, der Umstand, dass Nahum von dieser Katastrophe mit unverkennbarer Befriedigung spricht, was bei einem Siege der Feinde unmöglich wäre. Anderen Falls wäre auch sicher als Übergang von V. 10 zu V. 11 der Gedanke der Wiedervergeltung ausgesprochen worden, vgl. Hab. 2, 6—17; Jes. 33, 1.

7. Zusammenfassung. — Nineve im Buche N. ist Deckname für das syrische Reich unter Antiochus IV. Kap. 2 und 3 sind am Anfang der Verfolgung geschrieben und verheissen den Untergang

des Feindes unter dem Bilde der Zerstörung der feindlichen Stadt.
Dieses Bild wird Kap. 2 vollständig beibehalten; 3, 13 jedoch („Thore
deines Landes") ist Stadt = Land und 3, 18—19 in dem abschliessen-
den Klageliede ist das Bild ganz verlassen, denn hier ist der Feind,
der 3, 15 in der Festung fällt, über die Berge zerstreut. Kap 1 (in
der vorliegenden überarbeiteten Gestalt) stammt aus der Zeit der ersten
Siege der Juden über die Syrer und verheisst deshalb den völligen
Untergang des Feindes im Lande Israel.

Wie alle Propheten hat auch Nahum in seiner Schilderung Züge
eingeflochten, die nicht speziell auf den zeitgenössischen Feind passen,
sondern auf den grossen Feind Gottes und seines Volkes in seiner
endgeschichtlichen Erscheinung. Dahin gehört der Satz, dass das Gericht
über die ganze Welt ergeht (1, 5), dass die feindliche Stadt ganz plötzlich und leicht beim ersten Angriffe fällt (3, 12), was vom geschichtlichen Nineve, das erst nach mehrjähriger Belagerung genommen wurde,
nicht zutrifft; dass der Feind alle Völker unterjocht hat, 3, 19.

Für diese Auffassung von Nahum scheint mir ein sehr altes
Zeugnis von grösstem Werte in Tob. 14, 4 ff. (Vulg. 14, 6—9) vorzuliegen. Vulg. hat hier den kürzesten und reinsten Text; nach ihr verkündet der in der assyrischen Gefangenschaft lebende Tobi den Untergang Nineves und als Folge davon die Rückkehr Israels, den Wieder-
aufbau des Tempels und die Bekehrung aller Völker, die dann in
Jerusalem den wahren Gott anbeten werden. Es ist klar, dass hier
nicht vom geschichtlichen N. die Rede ist, denn aus der assyrischen Gefangenschaft kehrte das Volk nicht zurück, noch war damals der
Tempel verbrannt. Die Griechen haben einen erweiterten Text; c. sin.
setzt zunächst für Nineve erklärend: Assyrien und Babylon (so auch
Syr.), d. h. die Feinde Israels, und zerlegt dann, wie auch c. vatic.,
die eine Rückkehr der Vulg. aus Nineve in die Rückkehr aus der
ganz unmotiviert jetzt erst verkündeten babylonischen Gefangenschaft und in eine zweite, an der alle Völker teilnehmen. Diese Zer-
legung scheint sehr spät, nach der letzten Zerstörung des Tempels, in
den Text gekommen zu sein, da man sich über den Verlust des Tempels
mit der Hoffnung auf eine nochmalige Blütezeit zu trösten suchte[1]).
Die Glosse hat nur Sinn, wenn Nineve nicht als die geschichtliche
Stadt, sondern als Name des Feindes genommen wurde und in der
Glosse die zeitgeschichtliche Anwendung gemacht werden sollte. Cod.
sin. schreibt die Weissagung vom Falle dieses Nineve Nahum zu, setzt
aber sofort darauf an dessen Stelle „die Propheten", während c. vat.
Jonas nennt, Itala und Vulg. allgemein vom „Worte Gottes" reden.
Es kann nicht eingewendet werden, dass der Name Nahum später ein-
gesetzt worden sei, als schon die babylonische Gefangenschaft in den
Text gekommen war, so dass jetzt Nineve historisch genommen und in
diesem Sinne mit Nahum in Zusammenhang gebracht worden wäre.

---

[1]) A. Scholz, Comm. z. B. Tob. 1889 S. 97. Hier wird auf denselben Gedanken im Apoc. Baruch 31, 2—4 hingewiesen.

Denn allein die Gleichsetzung von „Nineve" mit „Assyrier und Babylon" in cod. sin. und beim Syr. beweist, dass Nineve nicht im gewöhnlichen Sinne verstanden wurde.

---

# Nahum und die Assyriologie.

Zum Beweise, dass Nahum in Assyrien (Alkusch) geboren sei (s.
oben § 2, 4) oder dort gelebt habe oder wenigstens als Zeitgenosse die
assyrischen Verhältnisse vor 606 gekannt habe, wird meist verwiesen
auf die in Nahum sich findenden assyrischen Wörter und auf die
anschauliche Schilderung assyrischer Verhältnisse, die nur auf persön-
licher Kenntnisnahme beruhen könne. Beide Behauptungen werden
sich als irrtümlich erweisen.

## 1.

## Die assyrischen Wörter in Nahum.

Als solche werden bezeichnet הֻצַּב 2, 8, מִנְּזָרַיִךְ und טַפְסְרַיִךְ 3, 17;
Knabenbauer nennt das zweite und dritte, Wellhausen das erste
und dritte, Nowack das erste (die beiden anderen Wörter bezeichnet
N. als nicht bestimmbar)[1]. In Wirklichkeit liegt bei allen drei
Korruption des hebräischen Textes vor.

a) הֻצַּב 2, 8. — Voraus ist der Kampf vor den Thoren Nineves
beschrieben. Die Verteidiger fliehen in die Stadt, allein ihr Widerstand
ist vergeblich, die Stadt wird genommen, das Haus erzittert und הֻצַּב
גֻּלְּתָה הֹעֲלָתָה. Hussab: a) gewöhnlich = Hoph. von נצב: Es ist
gesetzt, bestimmt. Dagegen Knab., Now.: Das wäre mitten in der
Schilderung zu nichtssagend, auch hat das Verb nie diesen Sinn.
b) = Eidechse (Name für die Königin); dagegen Now.: Das Bild
passt nicht auf die Weltstadt und nicht zu 8b (ihre Mägde). c) = הַצְּבִי
(Knab.) die Glänzende, Jes. 13, 19, aber dem entspricht keine der
alten Versionen, dasselbe steht entgegen d) der Emendation von Cheyne[2]):
חֶשְׂפָּה מַלְכָּה Jes. 20, 4. e) Der Chaldäer (regina sedens) betrachtet
nicht Hussab als Eigenname der Königin (Rückert, Ew.) — sonst
hätte er transkribiert — sondern nimmt eine Form von נצב sitzen an

---

1) Ruben, Acad. 1897, 7. März (nach Ges.-Buhl, 13. Aufl. unter עלה) will
sogar 2,8 הֻעֲתְלָה = Assyr. etellu, etellitu, erhaben, gross — nehmen,
2) Journ. Bibl. Lit. 1896, 198.

und bezieht dies auf die Königin, ähnlich der Syr., s. § 5 B. f) Vul-
gata: et miles captivus abductus est — las מַצָּבָה Besatzung; allein
so müsste גלה und das folgende Wort in demselben Sinne genommen
werden, ferner ist „Besatzung" störend vor „ihre Mägde". g) Schegg:
die Starke, Grimmige (von יצב). Da all diese Vorschläge nicht be-
friedigen, vermuten die Neueren ein assyrisches Wort.

Das Ursprüngliche haben LXX erhalten: (τὰ βασίλεια
διέπεσε καὶ) ἡ ὑπόστασις ἀπεκαλύφθη. Sie lasen מֻצָּבָה, die gewöhnliche Bedeutung ist Säule, allein nach der Grundbedeutung: Gestelltes,
Feststehendes, kann das Wort für alles stehen, das feststeht und so
etwas anderes trägt. Jes. 6, 13 heisst so der Wurzel- oder Grundstock
des Baumes und LXX, die noch aus lebendigem Sprachgefühle übersetzen, geben dasselbe Wort auch Ez. 26, 11 mit ὑπόστασις und Zach.
9, 8 mit ἀνάστημα: Festes, Schutz, Mauer, vgl. Zach. 2, 9; hier: die
Grundmauer. Zu dieser Bedeutung von Säule vgl. 1. Tim. 3, 5; Gal.
2, 9; Apoc. 3, 12. — Zusammenhang: Das Haus erzittert und sein
Fundament wird blossgelegt (und) herausgeworfen, d. h. es wird bis
auf den Grund zerstört. S. die Erkl.

b) 3, 17: מִנְּזָרַיִךְ, LXX: ἐξήλατο, Vulg.: custodes tui (von נצר),
Syr.: Deine Geweihten נזירַיך, Chald.: Deine Erzplatten (טסס).
טַפְסָרַיִךְ, LXX: —, Vulg.: parvuli tui, Syr.: כתשיך Deine
Kämpfer (Reinke) oder deine Schläger (Voll.), Chald.: טפסריך.

3, 15 wird das Vertrauen Nineves auf seine Menge und seinen
Reichtum beschrieben. V. 17 wird gewöhnlich übersetzt: Deine (niederen)
Beamten sind wie Heuschrecken, — deine Schreiber wie Heuschrecken-
schwärme, die am Tage der Kälte auf den Zäunen sitzen; — die
Sonne geht auf, da fliehen sie — und nicht mehr weiss man den Ort,
wo sie waren. So Knabenbauer.

Diese Übersetzung stützt sich auf die angeblich assyrische Bedeutung der oben genannten Wörter. Das erste wird mit dem assyr.
massaru, niederer Beamter, Wächter, identifiziert (A. Jeremias, Jensen,
s. die Wörterb., Knabenb.), das zweite mit dupsarru (Tafelschreiber).
Allein einmal können unmöglich diese beiden niederen Kategorien die
Bevölkerung Nineves repräsentieren und ist besonders der Ausdruck:
Tafelschreiber „für unsere Stelle viel zu speziell" (Now.); zweitens
wäre es doch sehr sonderbar, wenn plötzlich assyrische Wörter gebraucht würden für Dinge, für die hebräische Bezeichnungen nahe
genug liegen. Es wäre gewiss geschmacklos, in einer gehobenen
Schilderung der Belagerung von Paris zu sagen: Deine Funktionäre
und Sekretäre sind zwar zahlreich wie Heuschrecken, aber u. s. f. —
Freilich auch die übrigen Erklärungsversuche genügen nicht. Man
leitet das erste Wort ab von נזר Krone, also Fürsten (Kimchi, Va-
table, Lap., Ges.) oder von der Wurzel: aussondern (Syr.), also die
zum Krieg Ausgesonderten (Keil u. a.), oder setzt es gleich ממזר
Bastard, Deut. 23, 3; Zach. 9, 6 (Hitz.-Stein, Wellh.), oder emen-

diert רוֹזְנִים Fürsten (Graetz). Aber „Fürsten" können nicht mit einem Heuschreckenschwarm verglichen werden, die Bedeutung: zum Kriege aussondern — ist zu gesucht und nicht nachweisbar. Am meisten würde noch Mamzer Mischling passen, s. unt., aber keine Version hat so gelesen. — טִפְסַר (noch Jer. 51, 27) hält Gesen. für persisch (tawasar Kriegsoberst), andere leiteten es von טפר = חפר = חפל ab: Zusammengezogenes = Heer, oder von שׁפַשׁ zusammenbringen. Die Deutungen der Juden s. bei Vollers.

Einen besseren Text haben LXX: ἐξήλατο ὡς ἀττέλαβος ὁ σύμμικτός σου ὡς ἀκρὶς ἐπιβεβηκυῖα ... Voraus ist gesagt, dass der Feind sich verlasse auf seine Zahl und seinen Reichtum, durch den er fetten Heuschrecken gleicht. Nun schildert der Prophet das Trügerische dieses Vertrauens: Siehe wie die Heuschrecken am Morgen verschwinden, so fliegt auch dein Reichtum hinweg. LXX lasen als erstes Wort nicht ein Substantiv, sondern ein Verbum, aber nicht נזה, Jes. 52, 15 (Knabenb.), auch nicht Niph. von זור sich abwenden (Vollers), sondern נחר (Reinke) aufspringen, 3. Mos. 11, 21, vor Schrecken erbeben, Job. 37, 1, Hab. 3, 6. Vgl. Hos. 9, 11 (Das Volk fliegt hinweg wie ein Vogel), Prov. 23, 5. Die Sibilans, die auch Vulg., Chald. und Syr. an Stelle des Tau lasen, ist bei der Verwandtschaft der Laute leicht erklärlich; für LXX spricht, dass auch Vulg. und Syr. am Anfang des Wortes kein Mem lasen.

Aber auch LXX scheinen nicht ganz unversehrten Text zu haben. Es ist störend, dass 17 b. worin eine nähere Erklärung von ἀττέλαβος 17 a gegeben werden soll, ein neues Subjekt ἀκρίς eingeführt wird. Eines der beiden Wörter, namentlich das erstere, würde besser fehlen. Darum hat schon Gravius[1]) vermutet, dass ὡς ἀττέλαβος ursprünglich in der zweiten Zeile stand und von da aus Anlass des MT. in die erste Zeile kam, wogegen an seine Stelle ὡς ἀκρίς gesetzt wurde. Richtig daran ist, dass ἀττέλαβος in der ersten Zeile schwerlich ursprünglich sein kann. Somit bleibt ἐξήλατο ὁ σύμμικτός σου. Welches hebräische Wort ist mit σύμμικτος gegeben? Nach allgemeiner Annahme טַפְסָרַיִךְ; allein das Wort ist wegen Vulg. verdächtig, auch Jer. 51, 27 wegen LXX, und vor allem ist sonst überall σύμμικτος die Wiedergabe von עֶרֶב oder מַעֲרָב, Jer. 25, 20. 24; 50, 37; Ez. 27, 25. 27; 2. Mos. 12, 38 steht dafür ἐπίμικτος, worunter nach 4. Mos. 11, 4 die an Israel sich anschliessenden Mischstämme verstanden werden, vgl. Judith 1, 16; 2, 20. Das Wort bedeutet sowohl Völkergemisch als Warengemisch. Beides drückt dasselbe aus, den Reichtum und die Macht des Feindes. Jer. 51, 13. 14 stehen grosse Schätze und zahlreiches Volk parallel und Ez. 27, 33 übersetzen LXX das erstere mit letzterem. Wenn nämlich Babel (Ez. 17, 4), Tyrus (Ez. 27, 3) und bei Nahum 3, 16 Nineve die Händlerin der Völker genannt wird, so sind nicht nur materielle Waren gemeint. Der Handel ist nach Jes. 23, 17, vgl. Apoc. 18, 3. 23, ein geistiger: die (äussere und) innere

---

1) Schleusner nov. thes. I. p. 489.

Unterjochung der Völker, Nah. 3, 4. Diese Kaufleute streben nach der geistigen Herrschaft über die Erde und die Völker. Apoc. 28, 13. Ich glaube deshalb, dass 17 a an Stelle von כארבה ursprünglich (מ)ערבך σύμμικτός σου stand: Deine Menge, die deine „Kaufleute" zusammengerafft haben. Auch nach Vollers können LXX nur ערב gelesen haben. Hieronymus muss ein griech. Exemplar benutzt haben, in dem die Vertauschung der beiden Worte (griech.: ἀττέλαβος und σύμμικτος) noch irgendwie erkennbar war. Er macht die seltsame Bemerkung: attelabus qui graece dicitur σύμμικτος et latine translatus est in commixticium[1]). Da H. sicher wusste, dass attelabus griechisch ist, kann er nur sagen wollen, dass beide Wörter von den Griechen für synonym gehalten werden. Etwas weiter unten citiert H., indem er den griech. Text anders, als es gewöhnlich geschieht, abteilt, den Text also: exilivit attelabus (ohne quasi!) et mixticius tuus quasi locusta, als ob er „et" im Sinne von „das heisst" nähme; er vergleicht hier attelabus und mixticius als einen und denselben Begriff mit locusta und betrachtet attelabus demnach nicht als Heuschrecken-art. — Das ganze Verfahren ist nur verständlich, wenn H. oder seine Quelle ἀττέλαβος und σύμμικτος für identisch, d. h. für Doppelüber-setzungen desselben Wortes hält. Freilich bringt er zwischen hinein auch die gewöhnliche Auffassung, wonach mixticius mit attelabus und locusta verglichen wird, allein eine derartige Nebeneinanderstellung divergierender Ansichten ist bei H. nicht selten; er. lässt dem Leser die Wahl. — Darnach wird dieses Exemplar gelesen haben: ἐξήλατο ὁ σύμμικτός σου und darüber oder daneben ἀττέλαβος.

Die Veränderung wird dadurch veranlasst sein, dass über oder neben ערבך ein erklärendes טפך dein Volk (Vulg.) gestellt wurde, das in den Text geriet. So wird genannt, was Israel aus Ägypten mitnahm 1. Mos. 34,29; 45,19; 50,8; 51,21; 2. Mos. 12,37; 10,10. LXX: ἀποσκευή, παιδία, οἰκία; Vulg.: parvuli (wie Nah. 3, 17). Vulg. las nicht taphsaraich, sonst hätte sie transkribiert wie Jer. 51,27[2]). Hier. l. de nom. hebr. XXIII, 831.832 erwähnt bei Nahum das Wort: saraphad, das er von שרפה ableitet. Vielleicht ist שרבט Skepter, Fürst zu lesen (wie auch wohl im hebr. Titel der Makkabäerbücher bei Euseb. hist. eccl. 6, 25). Darnach wäre die Stelle schon bald in Verwirrung geraten. Das Wort ist aus Jeremias (hier auch in Vulg.) herübergenommen. Nachdem טף in den Text gekommen war, bildete

---

1) Migne XXV, 1268.

2) Das Wort ist auch Jer. 51, 27 nicht ursprünglich. LXX βελοστάσεις lesen wohl בר Widder, Mauerbrecher Ez. 4, 2 statt שר oder סר wie manche auch Ez. 21, 27 (das erstemal) lesen wollen. Darnach stände Jer. l. c. „Fürsten" neben Pferden wie 2 Mos. 14, 7 neben den Wägen u. Jer. 50, 35 ff. neben den Helden, Rossen, Mischvölkern. Ich glaube, dass טף Jer. 51, 27 ursprünglich vor: „Pferde wie Heuschrecken" stand, denn im jetzigen MT. wird nur die Zahl der Pferde, nicht die der Menschen, wie sonst gebräuchlich vgl. 51, 14, mit Heuschrecken verglichen. Also שר (סר) bleibt an der jetzigen Stelle, טף gehört vor „Pferde". So ergibt sich ein ähnlich abschliessender Ausdruck wie Judith 2, 20 καὶ λαὸς πολὺς ὁ ἐπίμικτος ὡς ἀκρίς. טף kam durch Zufall von seinem Platze weg und ging deshalb in LXX verloren.

sich der jetzige MT. infolge des Strebens nach Parallelismus; נתר verwandelte sich entsprechend dem „dein Volk" in ein Substantiv. Dies scheint in verschiedener Weise geschehen zu sein, s. oben. Das מנזריך des MT. ist wohl gleich ממזריך zu nehmen (Hitz.-Stein, Wellh.). Es ist wohl möglich, dass hierin auf die Zeitverhältnisse angespielt ist. Mamzer sind nach Zach. 9, 6 die Einwohner von Asdod, einer der fünf Fürstenstädte der Philister [1]). Diese Stadt wird in der Makkabäerzeit von Judas (1. Macc. 5, 68) und noch einmal von Jonathas (1. Macc. 10, 84) bekriegt und genommen. Es könnte also eine Anspielung auf diese Ereignisse vorliegen. — Dann wurde, um die Härte zweier nebeneinander stehenden synonymen Wörter (ערב und טף) zu beseitigen und um eine Parallele zu „wie ein Grashüpfer" zu erhalten, (מ)ערבך) in כארבה umgewandelt und endlich beide nun parallele Glieder mit Waw, das in LXX fehlt, verbunden. Der Text der LXX erlitt nur dadurch eine Veränderung, dass später nach dem MT. das störende ὡς ἀττέλαβος eingeschoben wurde. — Eine Stütze der vorgetragenen Ansicht scheint die Par. Polyglotte zu sein, in der die drei ersten Wörter von V. 17: ἐξήλατο ὡς ἀττ. fehlen [2]). Es las diese Handschrift ὡς ἀττ. nicht und liest ἐξήλατο, das sie für Dublette von ἐξεπετάσθη V. 16 hielt, fort.

Nicht so wahrscheinlich, aber immerhin möglich erscheint es, dass 3, 17 ursprünglich stand נתר טפך, dass טפך und später טפסריך mit כגוב verbunden und ein diesem Glied paralleles gebildet wurde, indem man das Verbum נתר in ein Subst. umwandelte und aus 3,15 כארבה ergänzte.

Es ist also 17 a, das als zweite, kürzere Zeile mit 16 b einen Vers bildet, zu lesen: נתר ערבך, Sinn: 16 b Die Heuschrecken bewegen sich und fliegen fort, 17 a (und so) es springt hinweg dein Gemisch, s. die Erkl.

## 2.

## Assyrische Verhältnisse.

Kaulen [3]) meint, die einzelnen Angaben im Buche N. seien so bestimmt, „dass nur die assyrische Weltmacht verstanden sein kann"; „offenbar hat der Verfasser persönlich von allem dem, was er so anschaulich schildert, Kenntnis genommen". A. Billerbeck und A. Jeremias [4]) behaupten, die Weissagung N. könne nur aus dem Munde eines Augenzeugen und Kenners assyrischer Dinge stammen. Knabenbauer [5]) dagegen bemerkt mit Recht, dass die Schilderung keineswegs Autopsie voraussetze; dass Nineve an einem grossen Flusse liege, sei in Israel doch bekannt gewesen. Man kann hinzufügen, dass die

---

1) Vgl. Hummelauer, Zum Deuteron. Bibl. Stud. 1901. 1. u. 2. Heft. S. 17.
2) Reinke l. c. S. 37.
3) Einleitung in die hl. Schrift 3. Aufl. 1890 S. 421. 422.
4) Beiträge zur Assyriologie III, 1. S. 87 ff.
5) Com. in proph. minores 1886 II. p. 2.

Schilderung in Kap. 2. 3 zwar konkret genannt werden kann im Vergleich zu der mehr reflektierenden Art von Kap. 1, aber sie ist doch wieder so, dass sie auf jeden Feind passt, der an Israel gesündigt hat, dessen Krieger Schwerter und Lanzen haben und ihre Stadt verteidigen. Im Sinne von Geschichtsschreibung ist Nahums Schilderung sogar weniger konkret als die Ezechiels von Gog. Die angeblichen historischen Details sind von O. Strauss u. a. und neuestens von Billerbeck und Jeremias in den Text hineingelesen und werden vielfach auf unrichtige Exegese gestützt. Im folgenden soll dies von den Behauptungen der letztgenannten nachgewiesen werden.

In 1, 11 könne eine Beziehung auf Nineve sehr wohl gefunden werden. Allein das gilt von jedem Feinde Israels. — Dass der Hinweis darauf, dass rot die Lieblingsfarbe der Babylonier war, zur Erklärung von 2, 4 (מאדם) nicht genügt, wird von B. und J. selber zugegeben. Das schwierige פלדת wird durch die Beziehung auf die glänzenden Kriegswagen (Jer.) oder auf die Angriffsmaschinen, die Feuerbrände schleudern und deshalb mit Feuer verglichen werden (B.), nicht erklärt. Ebensowenig ברשים, welches B. von den langen Stosslanzen der Arier oder den Helepolen versteht. In Verbindung mit Wagen kann nicht das „Schwenken der Lanzen" erwähnt werden. — Also gerade wo man, wie bei der Frage der Kriegsausrüstung, Hilfe seitens der Assyriologie erwarten sollte, lässt sie uns im Stiche; nicht minder, wo es sich um Topographie und Geographie handelt. Dass 2, 5 „die Gassen und Strassen", die Vorstädte Nineves bedeuten, wird angenommen, aber nicht belegt, denn der Hinweis auf עיר רחבות Gen. 10, 11 genügt nicht.

2, 7 werden die „Thore der Flüsse" mit „Flutthore" übersetzt und als grosse Schleusen (bab nari) des Choser erklärt, nach deren Durchbruch die gerade durch die Schneeschmelze geschwollenen Wasser die Festungsmauern zum Einsturze brachten. — Allein es spricht der ganze Zusammenhang gegen die Annahme eines elementaren Ereignisses, s. die Erkl.

In 2, 12 ff. (Wo ist die Höhle des Löwen?) glaubt B. eine Anspielung auf die königlichen Thiergärten erblicken zu können. Durch die Hofjagden sei die Nachbarschaft sehr geschädigt worden und in V. 12. 13 sei dem Notschrei der misera plebs poetisch Ausdruck gegeben! Allein einerseits sollen doch in diesen Versen nicht die Gefühle der Assyrer geschildert werden, sondern die Befriedigung des Propheten über den Sturz Nineves, und andererseits ist „Löwe" wie oft Name des Feindes, wie der Zusammenhang klar erkennen lässt. S. die Erkl.

Zu 3, 13 wird angemerkt, dass die Verwünschung „Deine Leute sollen wie Weiber werden" in assyrischen Inschriften vorkomme, aber auch zugegeben, dass sie gut hebräisch sei. Ebenso ist die Redensart „wie Tauben klagen" nicht nur assyrisch, sondern auch hebräisch, Jes. 38, 14; 59, 11. Wenn ferner gesagt wird, dass in den Inschriften von Riegeln der Thore die Rede sei sowie von Ziegelstreichern (3, 14), so wird zu dieser Wissenschaft nicht der Aufenthalt in Nineve not-

wendig gewesen sein und Ziegelmaterial ist wohl auch sonst zur Aus-
besserung der Festungswerke verwendet worden. Dass dagegen „Pforten
des Landes" 3, 13 ein spezifischer Name für die Aussenforts von Nineve
war, wird von Jer. angenommen, aber nicht belegt.

Zu 2, 10 (plündert Gold!) wird gesagt, dass man trotz des uner-
messlichen Reichtums Nineves bisher umsonst nach Gold gesucht habe.
— Um die Plünderung einer eingenommenen Stadt zu behaupten,
braucht man nicht Augenzeuge gewesen zu sein.

In 3, 4 (Zauberei und Hurerei) soll ein feiner Hinweis auf den
Istarkultus liegen. — Allein es ist die Rede von der Verführung anderer
Völker zum Götzendienste. Übrigens herrschte auch sonst unzüchtiger
Götzendienst. — Wenn zu 2, 8 angemerkt wird, dass auf assyr. Reliefs
häufig Frauen erscheinen, die auf den Zinnen klagen, so ist die auf
diese Beobachtung sich stützende Übersetzung „Die Königin (Hussab),
die hinaufgestiegen war, wird entdeckt" unzulässig, s. die Erkl. Auf
den Hinweis, dass 3, 5 sich aus Abbildungen erkläre, auf denen von
assyrischen Soldaten geführte Frauen in der einen Hand Wassergefässe
tragen und mit der anderen die Gewänder vorne bis hoch über die
Knie emporheben, ist zu sagen, dass dieses Aufheben sich aus der
Eile der wassertragenden (vielleicht durch Wasser watenden?) Frauen
erklärt, dass die Abbildungen nicht das Werfen der Schleppe über
das Antlitz zeigen und dass der ganze Ausdruck 3, 5 ein bildlicher ist.

So findet sich nicht einzige Stelle, welche genauere Kenntnis
assyrischer Verhältnisse voraussetzte. Die Schilderung soll eine „bis
ins einzelne der assyrischen Kriegskunst entsprechende" (Jer.) sein und
dabei erfahren wir einzig, dass Nineve Mauern und Thore mit Riegeln
hat, dass es mit Wasser versehen und seine Mauer ausgebessert wird,
dass dort „Thore der Flüsse" sind, dass in seiner Kriegsrüstung Rosse,
Reiter und Wagen sich befinden, dass seine Soldaten Schwerter und
Lanzen haben und dass sie alle zu Grunde gehen, und sonst nichts.
Die Beschreibung der Belagerung und Einnahme Nineves könnte nicht
allgemeiner und weniger konkret sein. — Der Prophet nennt den Feind
mit dem typischen Namen Nineve, vermeidet aber absichtlich alles,
was nur auf die historische Stadt bezogen werden müsste.

---

§ 5.

# Verhältnis der Texte.

Die Differenzen der verschiedenen Texte sind an den einzelnen
Stellen besprochen. Dort wurde versucht, die richtige Lesart zu bestimmen und die Entstehung der Varianten zu erklären. Hier sollen
die Resultate der Untersuchung in der Hauptsache kurz zusammengestellt werden. Die hebr. Wörter sind vielfach transkribiert.

## A. LXX und MT.

Über die alexandrinische Übersetzung von Nahum urteilt Reinke S. 22: es ist „die Übersetzung nur ein sehr trüber Reflex des Urtextes, der eine von unserem mas. Texte oft wesentlich verschiedene unklare und dürftige Gestalt des A. T. abspiegelt und seinen Auktor ... als einen wenig geschickten, wenn nicht stümperhaften Mann kennen lehrt". Sie schliesse sich ziemlich ängstlich an das Original an, sei mehr oder weniger sklavisch und steif. Die wenigen Versuche, den Sinn deutlicher auszudrücken, seien insgemein unglücklich ausgefallen. Doch könnten an manchen Fehlern auch die schlechte Skriptur der Vorlage und spätere Abschreiber die Schuld tragen. — Wenigstens der erste Teil dieses Urteils ist ungerecht und beruht nicht auf gründlicher Exegese, sondern auf der Voraussetzung, dass MT. von vornherein die Wahrscheinlichkeit auf seiner Seite habe. – In Wahrheit haben LXX in nicht wenigen und in gerade für das Verständnis wichtigen Fällen das Ursprüngliche bewahrt oder lassen, wenn sie selbst falsch übersetzten wie 2, 2; 3, 8, den ursprünglichen Wortlaut erkennen. Ein besonders glücklicher Umstand ist es, dass die wenigen späteren Zusätze zu LXX (nach MT.) deutlich erkennbar sind.

1. Was die Übersetzungsweise von LXX betrifft, so ist mit Vollers zu sagen, dass sie ängstlicher Wörtlichkeit zuneigen, die manchmal in Steifheit ausartet, z. B 3, 4: ἡγουμένη (בעלת) φαρμάκων; 1, 6: ἀπὸ προσώπου; 1, 8. 9: συντέλειαν ποιήσεται; 1, 15 (2, 1): προσθήσωσιν; εἰς παλαίωσιν (עָד בְלִי?). Wörtlich und doch nicht sklavisch ist 3, 4: καλὴ καὶ ἐπίχαρις; 3, 3 (Adjektiv statt der Subst.). Deshalb ist an allen Stellen, an welchen LXX von MT. abweichen, anzunehmen, dass sie ihre hebr. Vorlage genau wiedergeben. Dies gilt auch dann, wenn die Differenz aus der Verwechslung eines hebr. Buchstabens sich erklärt. Denn solche Verwechslungen begegnen viel leichter einem Abschreiber oder einem nach Diktat Nachschreibenden als einem Übersetzer, der seine Vorlage genau anzuschauen hat. Ein Beispiel bietet 1, 2: μετὰ θυμοῦ, was nicht freie Übersetzung des MT. sein kann, wie gewöhnlich angenommen wird, weil 3, 4 dieselbe Phrase wörtlich mit ἡγουμένη φαρμάκων gegeben wird. LXX lesen 1, 2: בעל חמה, Jes. 59, 18 (LXX 59, 19 Schluss: μετὰ θυμοῦ), vgl. Jes. 63, 7. — Darauf, dass die Buchstabenverwechslungen schon in der hebr. Vorlage der LXX standen, weisen Fälle hin, in welchen ähnlich klingende, also beim Diktieren des hebr. Textes verwechselte Buchstaben vertauscht wurden, z. B. 2, 4: ἱππεῖς = פרשים, MT.: ברושים Cypressen; ἡνίαι wahrscheinlich von כפה abgeleitet, MT.: פלד.

2. Auf alleinige Rechnung des Übersetzers können jene Abweichungen gesetzt werden, die auf verschiedener Vokalisation oder Abteilung eines mit dem MT. identischen Konsonantenbestandes beruhen. Doch auch hier ist zu bedenken, dass der jüdische Übersetzer nach jüdischer Tradition übersetzte. Es ist auch hier die Frage, welche Tradition Recht hat, die der LXX oder die spätere des MT.

Hierher ist zu zählen 1, 3: ἐν συντελείᾳ; 1, 10: βρωθήσεται καί; 1, 12: ἡ ἀκοή σου οὐκ..; 1, 12: κατάρχων ὑδάτων*); 1, 14: ταχεῖς; 1, 15: συντετέλεσται*); 2, 2: ἐξαιρούμενος ἐκ θλίψεως*); 2, 4: ἐξ ἀνθρώπων*); ἐμπαίζοντας*); 2, 10: zweimal αὐτῆς; 2, 11: χύτρας; 2, 12: εἰσελθεῖν; 3, 1: ψηλαφηθήσεται (Ableitung vom hebr. maschasch); 3, 3: τοῖς ἔθνεσιν; 3, 6: ἀκαθαρσίας σου*) (Subst. statt des Verbs); 3, 8 a: μερίδα = χορδήν = מני; 3, 8 e: ὕδωρ*); 3, 9: ἰσχὺς αὐτῆς (letzteres ist später eingesetzt). In den mit *) bezeichneten Fällen ist die Auffassung der LXX die richtige, 3, 8 a haben sie richtig gelesen, aber unrichtig übersetzt.

3. Dreimal ist der bemerkenswerte Fall zu verzeichnen, dass von zwei aufeinander folgenden, ähnlichen Wörtern das eine in der Vorlage der LXX, das andere im MT. ausgefallen ist: 1, 7: τοῖς ὑπομένουσιν αὐτόν; MT. (למען) hat das LXX entsprechende רעו בו verloren, s. die Tab. — 2, 8 ἤγοντο = נרהג ist im MT. ausgefallen, מרהגות (für מנהגות) in LXX. In Vulg. und Chald. sind beide Wörter erhalten. — 2, 11 ὡς πρόσκαυμα χύτρας, MT.: sie sammeln Glut; ursprünglich ist: all ihre Gesichter sind wie Feuerbrand (כבערה), sie sammeln die Glutröte (פארור), d. h. werden glühendrot; LXX haben also wie MT. ein Wort verloren, dazu eines unrichtig gelesen. In den beiden ersten Fällen liegt wohl absichtlicher Anklang vor, der von LXX sicher verstanden worden wäre (vgl. 2, 11 ἐκτιναγμὸς καὶ ἀνατιναγμός), wenn er nicht von hebr. Abschreibern durch das leicht erklärliche Wegfallen eines der ähnlichen Wörter zerstört gewesen wäre. — Diese Annahme wird dadurch gestärkt, dass die ergänzten Wörter von der ganzen rhythmischen Anlage gefordert werden.

4. Minus der LXX gegenüber MT.

a) Fälle, in denen LXX Recht haben: 1, 2 ist mit c. al., vat., sin. das zweite נקם יהוה samt dem folgenden Waw zu streichen; 1, 5 fehlt (auch im Syr.) Waw vor חבל; 1, 12 wurde das erste וכן nicht gelesen (vom Syr. auch nicht das zweite), 1, 10 noch nicht die Varianten khesabheam und sebhuim. Wichtig ist, dass 3, 8 a, obwohl 3 Übersetzungen des hebr. Textes vorliegen, No nicht gelesen wurde, wie auch Hier. vom hebr. Text ausdrücklich bezeugt. 3, 17 stand entweder gobh oder gobhai nicht in der Vorlage; doch auch οὐαὶ αὐτοῖς (Plur. masc. nach Sing. fem.!) ist späterer Zusatz aus MT., wie gleichfalls ὡς ἀττέλαβος. Ursprünglich stand 17 a: ἐξήλατο ὁ σύμμικτός σου und letzteres ist Übersetzung von מערמך, wie anfänglich im hebr. statt כארבה stand; LXX haben taphsaraich samt dem vorausgehenden Waw nicht gelesen. — Auch 2, 10 scheint βεβάρυνται aus MT. (mit anderer Abteilung der Konsonanten — vgl. Syrer: immensa sunt omnia vasa — gelesen) nachgetragen zu sein; ursprünglich ist ὑπέρ (so c. al., sin., vgl. Hier.: super, gegen ἐπί c. vat.) πάντα τὰ ξεύη, was genau mit der Lesart des Hier. stimmt: pro (so Reg. ms. cum Palatinis, dagegen Vulg.: ex) omnibus vasis.

In mehreren Fällen, besonders in 1, 10; 3, 8 und 3, 17, ist demnach im MT. eine Weiterbildung des Textes zu konstatieren.

b) Irrtümliches Fehlen eines oder mehrerer Wörter in LXX liegt vor in den drei Fällen, in denen in LXX und MT. je eins von zwei ähnlichen Wörtern weggefallen ist, s. oben unter 3.; ferner wahrscheinlich 1, 12: ועברו ist nicht übersetzt, doch s. die Erkl. 2, 8 scheint בקול mit καθώς wiedergegeben zu sein, so dass kein Minus vorliegt, dagegen ist dasselbe Wort 2, 14 ausgefallen, was wohl schon in der hebr. Vorlage der Fall war, denn hier ist dies wegen der folgenden ähnlichen Buchstaben מל leichter zu erklären. 2, 9 fehlt das zweite עמדו, weshalb dem Sinne entsprechend die Verneinung ergänzt wurde (οὐκ ἔστησαν). 3, 15 fehlt die vom Versmasse verlangte letzte Zeile des MT., die aber von syr. Hexapl., Paris. Polygl. und vielen Ms. geboten wird. Über den mutmasslichen Grund des Ausfalles s. die Erkl.

5. Plus der LXX gegenüber MT.

a) LXX haben mehrmals etwas erhalten, was in späteren hebr. Texten durch Unachtsamkeit wegfiel, so ein Waw 2, 6 μνησθήσονται (MT.: Singular), ἑτοιμάσουσιν (MT.: Sing.), 2, 8 καί (αὕτη); ferner 2, 6 ἡμέρας, welches Wort aber schon in der Vorlage der LXX ausgefallen war und später samt φεύξονται nachgetragen wurde, s. die Erkl. 2, 10 ist im MT. ein dem ὑπέρ (πάντα τὰ ξένη) entsprechendes ל ausgefallen. 3, 9 haben c. al., sin.[2], Cyr., Hier. in (φυγῆς) σου richtig die ursprüngliche Anrede erhalten. 3, 13 + ὡς (γυναῖκες). Vgl. dazu oben Nr. 3.

b) Die Fälle, in denen LXX gegenüber MT. irrtümlich ein Plus aufweisen, erklären sich zum Teil daraus, dass sie, oder wahrscheinlicher ihre Vorlage, einen hebr. Buchstaben doppelt lasen, z. B. doppeltes Waw: 1, 4 (ἰσχύς) + αὐτοῦ und 2, 6 + καί (μνησθήσονται). 1, 5 + τὰ (ὄρη): doppeltes He; 1, 15 + καί (ἀπαγγ.): ר wurde nochmals als ו gelesen. Auch einige kleine erklärende Zusätze finden sich: 2, 4 (ἁρμάτων) + αὐτῶν; 2, 5 (λαμπάδες) + πυρός (aus 2, 4 eingedrungen); hierher gehören auch einige zugefügte καί, z. B. 3, 3. 9. 14, und 3, 11 + σεαυτῇ, ferner 1, 9 + ἐπὶ τὸ αὐτό, was aber späterer Zusatz zu sein scheint, wenn nicht gar Doppelübersetzung (בזה?) vorliegt.

6. LXX haben einen vom MT. abweichenden Grundtext gelesen[1]):

1, 2 ἐξαίρων = נמל. — 1, 4 zweimal das Partic. — 1, 5 ἀνεστάλη = תנשא. — 1, 8 τοὺς ἐπεγειρομένους ... αὐτου*) = בקמיו. — 1, 9 οὐκ ἐκδικήσει*) wohl richtig = יקום; ἐν θλίψει = בצרה. — 1, 10 LXX haben in ὡς σμίλαξ*) περιπλεκομένη βρωθήσεται den ersten Teil des ursprünglichen Textes ziemlich erhalten, ἕως θεμελίου αὐτῶν χερσωθήσονται ist spätere Übersetzung der jetzigen ersten Zeile des MT. In der letzten Zeile stand ursprünglich ξηρανθήσεται (Complut.): richtig, wenn der Plur. gesetzt wird. — 1, 12 κατάρχων ὑδάτων*) (ähnlich Syr.); διασταλήσονται*). — 1, 13 ist δεσμούς σου nach c. al.,

---

[1]) In den mit Stern bezeichneten Fällen haben LXX Recht.

sin. zu lesen in Übereinstimmung mit MT. — 1, 15 lesen LXX unrichtig προσϑήσωσιν (statt des Sing.) und εἰς παλαίωσιν = עַל־בְּלִי
(Umstellung der Wörter).

2, 2 LXX ἐμφυσῶν lesen wohl richtig פֹּצֶה (oder Hiph.?), was
aber mit „Retter" zu übersetzen ist. Der zweite Satz: ἐξαιρούμενος*)..
muss nach LXX verstanden werden. — 2, 4 δυναστείας αἰτᾶν*), Plur.
des Suff., richtig mit allen Zeugen gegen MT. und Vulg. ἐξ ἀνϑρώ-
πων*) = מֵאָדָם, ebenso ἐμπαίζοντας*) = Part. Hitp.! von לָעַג spotten
oder von לָעָה verwirrt, irr reden, ähnlich Syr. — αἱ ἡνίαι, LXX lesen
m. E. eine von לָפַת umwickeln, umwenden abgeleitete Form, wie auch
Syr. und Chald. wie 2, 5 לָפִיד lesen, vielleicht ist פְּלָדָה eine Neben-
form. Die Worte „wie (oder: im) Feuer der Fackeln" sind als Glosse
zu streichen. — ἱππεῖς*) = פָּרָשִׁים: richtig, aber in der Bedeutung
„Rosse". — 2, 6 μνησϑήσονται (Plur.: alle Vers. ausser MT. und Vulg.)
μεγιστᾶνες αὐτῶν*) (Plur. des Suff.: alle Vers. ausser MT.). — ἑτοιμάσουσι*) (Act. Plur.: alle Vers. ausser MT. und Vulg.). — + φεύξονται ἡμέρας*): ersteres Wort ist Doppelübersetzung zu ἀσϑενήσου-
σιν, letzteres ist in allen anderen Versionen irrtümlich ausgefallen; zu
übersetzen: sie stürzen am Tage ihres Einherschreitens, s. Nr. 5 a und
die Erkl. — 2, 7 πύλεων (Sin.: ποταμῶν): Schreibfehler, vielleicht aus
einer Abkürzung entstanden. — 2, 8 ὑπόστασις*) = מֻצָּב (Vulg.:
miles). — αὕτη ἀνέβαινε = הִיא עֻלָתָה (ebenso Syr., Chald.): unrichtig
gegen MT., Vulg. — ἤγοντο*)... s. Nr. 3; es ist zu übersetzen: ihre
Mägde wurden fortgeführt, klagend..., seufzend... (Vulg., Chald.). —
2, 9 ὕδατα αὐτῆς*) auch Vulg. (und Syr.?). οὐκ ἔστησαν: unrichtig,
s. Nr. 4 b. — 2, 10 βεβάρυνται ὑπὲρ*) πάντα..: βεβ.. ist später aus
MT. eingesetzt, sonst richtig = Vulg. — 2, 11 τὸ πρόσωπον... s.
Nr. 3. — 2, 12 von ποῦ ἐπορεύϑη — ἐκφοβῶν: alte Glosse in allen
Texten. — 2, 14 πλῆϑος σου*) = Syr., im MT., Vulg., Chald. Buch-
stabenumstellung. ἔργα σου*) = מַלְאָכֵן, aber wohl als Sing. zu lesen,
während Syr. und Chald. dieses Wort im Plur. lesen.

3, 1 ψηλαφηϑήσεται: s. Nr. 2. — 3, 3 ἱππέως ἀναβαίνοντος:
das Verb. wurde fälschlich im Kal. statt im Hiph. gelesen. Zu τοῖς
ἔϑνεσιν s. Nr. 2. — 3, 6 κατὰ τὰς ἀκαϑαρσίας*): es wurde richtig
das Subst. statt des Verbs gelesen (s. Nr. 2). — 3, 7 αὐτήν — αὐτῇ:
LXX setzen erleichternd zweimal die dritte Person, wie Vulg., Syr.,
Chald. zweimal die zweite, während MT. richtig an erster Stelle die
dritte, an zweiter die zweite Person hat. — 3, 8 a bieten LXX drei
Übersetzungen derselben zwei Wörter, denn im dritten Sätzchen ist
μέρις mit Hier., Complut., ed. Ald. zu lesen. Das hebr. Verb wurde
fälschlich als Imper. gefasst, denn es ist nach Hier., Complut. ἑτοίμασαι, ἅρμοσον herzustellen, s. die Erkl. „No" wurde richtig nicht
gelesen. — ὕδωρ*) (Vulg. und Syr. gegen MT. und Chald.). — 3, 9
(ἰσχὺς) αὐτῆς: unrichtig statt des Suff. der 2. Pers., das auch im MT.
durch Schreibfehler sich in He (ohne Mappik!) verwandelt hat. —
(τῆς φυγῆς) + σου*): richtig mit c. al., sin.², XII (c. Marchial.), vielen
anderen Ms., Hier., Cyr., Theoph., ed. Ald., Complut. LXX lasen

richtig eine Form von פלט entfliehen, s. die Erkl. — βοηθοὶ αὐτῆς: die dritte statt der zweiten Pers. mit Syr. unrichtig, und erleichternd gegen MT., Vulg., Chald. — 3, 11 στάσιν: unrichtig gegen die anderen Zeugen. — 3, 12 a ist in LXX und MT. nach Vulg.: sicut ficus, Syr., Chald. die Vergleichspartikel zu ergänzen, ebenso 3, 13 in MT. und Vulg. nach LXX: ὡς γυναῖκες. — 3, 14 ὑπὲρ πλίνθον: richtig gelesenes Beth statt Mem im MT. ist unrichtig übersetzt. — 3, 15 s. Nr. 4b und unten. — 3, 17 haben LXX das Ursprüngliche erhalten, ausgenommen die späteren Einsätze ὡς ἀττέλαβος und οὐαὶ αὐτοῖς. Am nächsten steht LXX der Syr. — 3, 18 βασιλεὺς Ἀσσ. ist ein Eintrag aus MT., der dann mit dem folgenden Satze in sinnwidriger Weise verbunden wurde. Hierdurch wurde eine Änderung des Verbs im letzteren nötig: ἐκοίμισε statt des wahrscheinlich ursprünglichen ἐκοιμήθησαν = ישכבו, wie im MT. herzustellen ist (Cappellus).

7. **Zusammenfassung.** — LXX zeigen mehrere unrichtige L. A., die aber für den Sinn ohne Belang sind; im ganzen aber repräsentieren sie einen besseren und älteren Text. Dem MT. fallen mehrere 'des angenommenen Sinnes wegen vorgenommene Änderungen zur Last, die der Syr., zum Teil auch der Chald. und Vulg. noch nicht kennen, also sehr späten Ursprungs sind. So setzt er 2, 4. 6 seine Helden, statt ihre Helden, weil er das Kap. mit 1, 15 beginnen lässt und unter dem Heraufziehenden den Belial, der gegen Israel zieht, versteht und auf ihn V. 4 bezieht. Hierher gehört die Korrektur No 3, 8 und die Texterweiterung von 3, 17, besonders die Einführung der Mamzer, die keine Version kennt. Die Korrektur Phut 3, 9 haben schon Chald. und Syr. Der Rücksicht auf das „Nineve" der Überschrift verdanken die L. A. 1, 8 „ihre Stätte" und 2, 6 „ihre Mauer" ihre Entstehung. — LXX haben ausser einigen Partikeln, Pronomina nur 1, 8 einen kleinen erklärenden Zusatz. Nachträglich scheint nach MT. geändert zu sein 1, 10 (letzte Zeile), 3, 18 und 2, 10; 3, 17 (zweimal) wurde aus MT. ein späterer Zusatz beigefügt, s. Nr. 4a. 3, 8 wurde später in vielen Ms. der Optat. gelesen und deshalb 3, 9 die Anrede beseitigt. — Alte Fehler im MT., welche schon LXX vorfanden, sind 1, 13 (sein Joch von deinem Halse statt: dein Joch); 1, 9 b ist irrtümlich von seinem richtigen Platze vor מקמיו (8 a) verrückt worden; 3, 9 steht in „ihre Stärke" fälschlich das Suff. der 3. statt der 2. Pers. — Sehr früh eingedrungene gemeinsame Glossen resp. Varianten finden sich 1, 10: Dornen; 1, 12: καὶ οὕτως; 2, 5: im Feuer der Fackeln, LXX: im Feuer — die Zügel; 2, 12 c d; 3, 6: Gräuel; 3, 15 c.

Vollständige oder teilweise Doppelübersetzungen liegen vor: 1, 10 a MT. und LXX (die erste Zeile der LXX ist aus Varianten zur zweiten entstanden); 2, 6 LXX (+ φεύξονται = ἀσθενήσουσιν); 3, 8 LXX doppelt; 3, 15 MT. und LXX (es frisst dich).

8. Bezüglich des Verhältnisses der Textzeugen ist bemerkenswert, dass cod. alex. mehrmals in Übereinstimmung mit der griech. Vorlage des Hier. Recht hat gegenüber dem c. vatic.: 1, 10 a (Plur. des Suff. und des Verbs); 2, 6 (Mauer steht ohne Suffix); 3, 9 φυγῆς

σου; 2, 10: ὑπέρ. Im ersten, dritten und vierten Falle stimmen auch Complut. mit c. al., ebenso 1, 13: deine Fesseln. Hier. und Complut. stimmen überein 3, 8, wo sie den kürzesten, nur durch eine Variante beschwerten Text bieten: apta chordam pars Ammon. Compl. haben 3, 17 ὡς ἀττέλαβος richtig nicht, freilich fehlt auch ἐξήλατο. Mit den Lesarten der Complut. deckt sich häufig der Text des Theophylus und der editio Aldina, so 1, 13; 2, 9; 3, 8 (die erste Zeile fehlt); 3, 9. — Von grossem Werte ist, dass Hier. in zwei wichtigen Fällen die alte Überlieferung erhalten hat. Hiernach lautete das Hebräische 3, 8: bist du besser als Amon? und der MT. ist eine jüdische Korrektur und LXX 3, 17 sind attelabus und commisticius zwei Übersetzungen desselben Wortes, s. § 4, 1 b.

## B. Die übrigen Versionen.

1. Der Chaldäer übersetzt zwar öfter ganz wörtlich, liebt es aber auch, besonders bildliche Ausdrücke zu umschreiben, z. B. 1, 2: Feinde seines Volkes statt: seine F.; 1, 3: er breitet schwarze Wolke vor sich aus; 1, 8: er wird seine Feinde der Hölle überliefern; auch erklärende Wörter fügt er bei, z. B. 1, 12: vollkommen + im Rate; überschreiten + den Euphrat; selbst erklärende Sätze, z. B. 1, 3: (+ wenn er sich rächt, schont er der Bekehrten, die Nichtbekehrten aber) lässt er nicht ungestraft. — Durch Vergleich mit MT. und LXX kann man aber fast immer bestimmen, welchen hebr. Text der Chald. las. Der Natur der Paraphrase entsprechend drückt der Ch. einerseits jedes Wort der Vorlage, wenn auch in Umschreibung, aus und bringt andererseits keinen völlig der Vorlage fehlenden Gedanken. Wenn also ein gegenteiliger Fall vorzuliegen scheint und nicht durch Irrtum des Übersetzers zu erklären ist, so ist eine vom MT. abweichende Lesart anzunehmen. Und dies ist um so gewisser, wenn der Text des Ch. von LXX oder einer anderen Version gestützt wird. Dies ist der Fall 1, 8: die Völker, die sich empört haben, LXX: τοὺς ἐπεγειρο-μένους = בקמיו; doch scheint Ch. auch die L. A. des Syr. (nicht des MT.): seinen (masc.!) Ort — zu kennen und daraus den Zusatz: die das Haus des Heiligtums des Herrn zerstörten — entwickelt zu haben. — 1, 10 lag schon MT. vor, nur wurde wie vom Syr. für Dornen: Fürsten übersetzt (Buchstabenverwechslung). — 1, 14: nicht wird . . . gedacht (יוזבר). — 2, 4: ihre Helden (LXX, Syr.). — Ihre Grossen (MT.: Cypressen) sind mit farbigen Kleidern bedeckt (חלע 4 b?). — 2, 6 a: sie stellen auf (Plur. = LXX, Syr., Vulg.); d: sie erbauen (Plur. act. = LXX, Syr.). — 2, 8: die Königin, die sass auf dem Wagen(?); Ch. las sicher nicht Hussab (MT.), sondern eine Form von נצב sitzen und erklärte dies von der Königin. Ch. hat mit Vulg. die drei Prädikate zu „Mägde" erhalten und las das erstere mit LXX richtig נהגו sie werden fortgeführt. — 2, 11: die Gesichter sind mit Schwärze bedeckt wie ein Topf. Er las wohl wörtlich: sie sammeln (MT.) Feuerbrand (LXX) [d. h. dunkle Röte] wie ein Topf (LXX) und hat so den ursprünglichen Text erhalten, wenn auch ein Wort

(Topf) falsch wiedergegeben ist, s. A, 3. — 3, 7 e: dritte statt der
2. Pers. — 3, 13: + wie (Weiber). — 3, 17: deine Bleche (Sing.)
glänzen (Plur.) wie die Heuschrecke; er las wohl נוֹרֵך (also ohne das
Mem des MT.) und dachte an den hohepriesterlichen Stirnschmuck
(Vollers).

2. Der Syrer übersetzt wörtlich seine hebr. Vorlage. Deshalb
ist anzunehmen, dass ihm überall da, wo er vom MT. abweicht, ein
anderer hebr. Text vorlag. Z. B. 3, 19 (letzter Satz) hat er nicht, wie
Sebök[1]) meint, den negativen Fragesatz positiv ausgedrückt, sondern
er las statt מִי לֹא eben כֹּל (Reinke), weil Jod nicht geschrieben war,
Mem leicht verwechselt wurde und Aleph wegen des folgenden Ain
ausfiel. 1, 2: mit Zorn — steht nicht, weil der Übers. sich gescheut,
Gott zornmütig zu nennen (Sebök), sondern weil er wie LXX las, s.
oben. — Viele Abweichungen erklären sich einfach durch Verwechslung
von Buchstaben (z. B. 2, 1: abad — abar), durch Korruption des syr.
Textes (z. B. 2, 2 ist für das syr. Verb dabar führen zu setzen badar
zerstreuen), ferner durch Hörfehler und dergl. Vgl. Reinke und
Sebök.

Im ganzen lag dem Syrer der jetzige MT. vor, so auch schon die
Varianten in 1, 10; doch gibt es eine Anzahl von Stellen, an welchen
der hebr. Text ein vom MT. verschiedener war. — Hier werden nur
jene angeführt, an welchen die Vorlage des Syr. mit der der LXX
übereinstimmt (wenigstens teilweise) und wobei durch Syr. und LXX
gegenüber MT. das Richtige erhalten ist oder, wenn falsch übersetzt,
der Urtext erkennbar gemacht ist.

1, 12: es spricht der Herr über die Häupter vieler Wasser (ähnlich!). — 2, 4: ihre Helden; spielend = ἐμπαίζοντας; betäubt werden
= θορυβηθήσονται; Pferde oder Reiter (MT.: Cypressen). — 2, 6:
erstes Verb im Plur.; ihre Fürsten; zur Mauer (ohne Suff.); sie
richten her: Plur. — 2, 8: sie stellt auf (Hiph. von קום) ihre Pferde
(פֶּרֶשׁ) und steigt hinauf und ihre Mägde... Sebök weiss keinen Rat.
Sicher las S. nicht Hussab (MT.), sondern eine Hiphilform von נצב,
vielleicht ähnlich LXX מֻצַּ(י)בָה. M. E. fiel das nächste Wort (sie
wird entblösst) aus, weil es infolge schlechter Schreibung mit dem
darauffolgenden für identisch gehalten wurde. Nun wurde aus „hinauf-
steigen" der Begriff „Pferde" ergänzt.

2, 9: zwischen Wassern (MT.: von den Tagen). — 2, 10: zahllos
sind = βεβάρυνται. — 2, 11: ich mache schwarz wie Russ des Topfes;
er las: ich sammele (MT., aber 1. Pers.) die Gesichter (d. h. ich mache
sie glutrot; ergänzt ist: Farbe), wie Glutröte (LXX) des Topfes (LXX).
S. Nr. 1 und A, 3. — 2, 14: deine Scharen (MT.: deine Wagen); deiner
Thaten. — 3, 8: bist du besser als Javan Amon? Sebök bemerkt
nichts. Syr las wie LXX מִינִי und nahm Jod als Abkürzung. —
Wasser (ist ihre Mauer). — 3, 11: verachtet. — 3, 13: + wie (Weiber).
— 3, 17 b fehlt die Wiederholung: Heuschrecken.

---

[1]) Mark Sebök (Schönberger), Die syrische Übersetzung der 12 kleinen Propheten (Dissert.), Leipzig 1887.

Dass der Syr. an all diesen Stellen den ihm vorliegenden hebr.
Text verlassen und nach LXX übersetzt hätte ist schon deshalb unwahrscheinlich, weil ·an anderen Stellen seine vom MT. abweichende
Übersetzung eine hebr. Vorlage voraussetzt:
      1, 8 werden kaum nach Rosenäcker, Sebök u. a. die Verba
abad und abar umzustellen sein, sondern S. meinte: der (nicht: mit
einer) Flut macht er ein Ende, und weil er mit dem aus „seinen
Feinden" entstandenen „seiner (Masc.) Stätte" nichts anzufangen wusste,
setzte er „einherflutend" hierher, s. die Tab. — 1, 10: widerspenstige
Fürsten und: sie fressen (Plur.) beruhen auf dem Hebr., ebenso 1, 12
(trotz Ähnlichkeit mit LXX doch ganz verschiedener Sinn). — 2, 2:
wachehaltend — andere Übersetzung der von LXX gelesenen Form;
2, 14: deine Werke (LXX), aber + die Stimme (MT.); 2, 10: zahllos
sind . . .: andere Übersetzung, obwohl gleiche Wortabteilung wie LXX.
— 3, 8 ist Syr., obwohl er wie LXX las, doch ganz unabhängig von
ihnen, denn er übersetzt völlig anders, ebenso 2, 8, s. oben, wo er vom
Chald. beeinflusst sein kann.   Ganz klar ist die Unabhängigkeit bei
2, 6 (bezüglich des Plur. im ersten Verb), weil die L. A. (sie werden
ergriffen statt: er ruft) auf der Verwechslung des hebr. Wortes beruht
(סגר für וזכר). — Für dieselbe Unabhängigkeit spricht, dass in manchen
Fällen auch der Chaldäer mit LXX und Syr. übereinstimmt: 2, 4. 6:
ihre Helden; 2, 6: zwei Verba im Plur.; 2, 8: Form von נצב; 2, 11:
Topf; 3, 13: + wie.
      Bemerkenswert ist die syr. L. A. zu 3, 17.   Syr. hat so wenig als
LXX, Chald. und Vulg. מנוריך gelesen, sondern נויריך deine Geweihten.   Für das rätselhafte taphsaraich gibt Syr.: deine Schläger,
Kämpfer von dem syr. כתש, wozu Sebök nichts bemerkt.   Sollte
Syr. im korrumpierten hebr. Texte statt des ursprünglichen טף (σύμμικτος, parvuli) etwa mit Umstellung der Buchstaben und Verwechslung
des Pe mit Kaph כת = כתת schlagen — gelesen haben? — Wichtig
ist, dass Syr. an vier Stellen allein das Ursprüngliche erhalten hat:
1, 12 fehlt das in MT. doppelt, in LXX einfach gesetzte וכן; 3, 17
fehlt das spätere אים, οὐαὶ αὐτοῖς; 1, 10 las er noch מלאי und 3, 18
ist „Könige (richtig: Sing.) von Assur" noch deutlich als erklärende
Glosse erkennbar.   Über die ursprüngliche Gestalt von LXX in diesen
Fällen s. A, 4. 6. 7.
      Demnach wird durch den Syr. ein guter Text vertreten, der in
vielen Punkten ursprünglicher als der MT. ist. — Ein sinnstörender
Fehler 2, 7 (Thore Judas statt Th. der Flüsse) ist mit Bernstein,
s. Sebök, als Verderbnis des syr. Textes zu erklären, indem aus ne-
hare durch Verwechslung des Nun mit Jud und des Risch mit Dalath
leicht iehuda werden konnte.
      3. Die Vulgata des hl. Hieronymus übersetzt wörtlich die hebr.
Vorlage, die zumeist mit dem MT. übereinstimmt, aber nicht überall
und gerade nicht an wichtigen Stellen wie 2, 8; 3, 8; 3, 17.
      Zunächst seien die Stellen genannt, an denen Vulg. gegen MT.
mit LXX dieselbe L. A. vertritt: 1, 11: exibit; 2, 2: qui custodiat (las
Partic. wie LXX, aber übersetzte anders); 2, 4: habenae; agitatores =

Reiter? (LXX); consopiti sunt (wie übrigens auch MT. zu erklären ist); 2, 6 fortium eorum; 2, 8: miles (las wie LXX: מצבה, erklärte aber anders); minabantur (spätes Wort): sie wurden wie Vieh fort-geschleppt; murmurantes; 2, 9: aquae eius; 2, 10: pro (so wird mit ms. Reginae et Palat., s. Migne XXV, 1247, zu lesen sein) omnibus vasis = ὑπὲρ πάντα ..; 2, 11: sicut nigredo ollae; 2, 12: ut ingrede-retur; 3, 3: ascendentis; 3, 8 e: aquae; 3, 9: fortitudo eius.

Dass Hier. in diesen Fällen von seiner hebr. Vorlage zu Gunsten von LXX abgegangen sei, ist schon dadurch ausgeschlossen, dass er 2, 2. 8a denselben vom MT. abweichenden hebr. Text wie LXX vor sich hatte, aber verschieden übersetzte, ferner daraus, dass Hier. 2, 8 b c d ein in LXX verlorenes Wort erhalten hat und dass hier wie 2, 6 und 2, 8 a („welche sass“, s. oben Nr. 1) auch der sicher auf hebr. Grund-text beruhende Chald. mit Vulg. übereinstimmt. — Eine Abhängigkeit von LXX ist wohl nur zu 2, 4 (habenae) zu konstatieren, wo Hier. das unverständliche hebr. Wort nach LXX erklärte.

Im Gegensatz zu MT. und LXX hat Vulg. das Richtige erhalten: 2, 8 (drei Prädikate zu „Mägde“, ähnlich der Chald.); 2, 10: pro om-nibus vasis desiderii, s. oben. Zu 3, 8 bemerkt Hier. ausdrücklich, dass die überlieferte L. A. war: numquid melior es ab Amon (= LXX), übersetzt aber in der Vulg.: (quam) Alexandria populorum. — Zu 3, 17 ist zu bemerken, dass Vulg. die beiden schwierigen Wörter des MT. minzaraich und taphsaraich nicht kennt, sondern dafür נצריך und טפך liest. In diesem Betreffe befand sich demnach ihre hebr. Vorlage in derselben Phase der Textbildung wie die des Syr., während Vulg. die in denselben V. bei Syr. noch fehlenden Zusätze schon aufweist, s. oben Nr. 2.

## § 6.
# Litteratur.

Die ältere Litteratur über Nahum ist verzeichnet bei Otto Strauss.

Aus der älteren Zeit haben das Buch Nahum erklärt: Hierony-mus, Cyrillus Al., Theodoretus, dann Theophylakt, Rupert, Nicolaus Lyr.; aus dem 16. Jahrh.: Franc. Ribera, Ar. Montanus; aus dem 17. Jahr.: Chrystoph. a Castro, G. Sanctius, Corn. a Lapide, Tirinus. — Jüdische Erklärer: Jarchi, Kimchi, Abenesra.

Spezialuntersuchungen: Th. Bibliander, Tiguri 1534; Lud. Crocius, Brem. 1620; Jo. Quistorpius, Rostock 1628; J. H. Ursinus (Obad. und Nahum), Francof. 1652; J. G. Kalinskius (Hab. und Nah.), Vratisl. 1748; J. E. Greve (Nah. und Hab.), Amstelod. 1793; Ev. Kreenen, Nah. vatic. philol. et critice expositum, Hardervici 1808; H. Mitteldorpf, Nahum aus dem Hebr. übers., Hamb. 1808; C. W. Justi, Nahum neu übers. und erläutert, Leipz. 1820; A. G. Hoele-mann, Nahumi orac. ... versibus germanicis ... illustr., Lips. 1842; O. Strauss, Nahumi de Nino vatic. explic. ex assyr. monum. illustr., Berol. 1853; Vauce Smith, the prophecies relating to Ninive and the Assyrians, Lond. 1857; Breiteneicher, Ninive und Nahum, Münch. 1861; L. Reinke, Zur Kritik der älteren Versionen des Proph. Nah., Münster 1867; G. Bickell, Zeitschr. der deutsch. morgenl. Ges. 1880 S. 559 ff.; ders. Carmina vet. Test. 1882; ders. Sitzungsber. der Wiener Akademie (phil. histor. Kl.) 1894 Nr. 5; Gunkel, Nahum 1 in Zeitschr. für alttest. Wissensch. 1893 S. 223—244; Happel, Der Psalm Nahum (Nah. 1) krit. untersucht, Würzb. 1900. (Letztere fünf Nummern besprechen das alphabetische Urgedicht Nah. 1.) Billerbeck und A. Jeremias, Der Untergang Ninives in Beiträgen zur Assyriologie III, 1 S. 87—188.

Dazu sind zu vergleichen die Kommentare zu den kleinen Propheten von Schegg 1854, Knabenbauer 1886, Ewald 1867, Hitzig-Steiner 1881, Keil 1888, v. Orelli, 2. Aufl., Nowack 1897, Wellhausen, 3. Ausg. 1898.

Über die Versionen: K. A. Vollers, Das Dodekapropheton der Alexandriner. 1. Hälfte. Berlin 1880; Mark Sebök (Schönberger), Die syr. Übersetzung der zwölf kleinen Propheten. Dissertation, Leipzig 1887.

# II. Teil.

# Erklärung.

---

## I. Kapitel.
## 1, 1—15 (Hebr. 2, 2).

---

### A.
### Das alphabetische Urgedicht.

Es ist unzweifelhaft, dass dem 1. Kap. ein alphabetisches Urgedicht
zu Grunde liegt. An nicht wenigen Stellen schimmert die frühere
Textgestalt noch durch. Für die V. 1, 2—8 ist dies allgemein zugegeben und offensichtlich. -- Seitdem Pfarrer G. Frohnmeyer darauf
aufmerksam wurde, dass in 1, 2—7 diese Verse mit den Buchstaben
א bis ט (mit Ausnahme von ד) beginnen resp. die alphabetischen Versanfänge leicht erkennbar sind, haben Gust. Bickell und Herm.
Gunkel sich bemüht, das ganze Urgedicht herzustellen. Bickell
liess zuerst den Alphabetismus nur bis V. 10 reichen. Da aber auf
diese Weise nur die Buchstaben bis Mem verwendet waren, suchte er
die übrigen Buchstaben, wieder von vorne anfangend, in irgend einem
Worte nachzuweisen, so ב, ס und פ in dem einen Wort בסופה 3 c,
ר, צ und ק in רצק (Korrektur für אמלל V. 4)[1]. Dieses mehrfach
geänderte, allzu künstliche System hat B. aufgegeben[2]), nachdem
H. Gunkel versucht hatte, sämtliche Buchstaben als Versanfänge
nachzuweisen, und zu diesem Zwecke die von Wellhausen für inter-
poliert erklärten V. 2, 1—3 zum alphabetischen Gedichte heraufge-
zogen hatte[3]); doch vertritt B. im einzelnen abweichende Meinungen,
wenn er auch im Prinzip G. zustimmt. — Wellhausen wiederum
beschränkt die alphabetische Ordnung auf V. 2—8[4]). — Ausser der

---

[1] Zeitschr. d. deutsch. morgenl. Gesellsch 1880, S. 559 ff., Carmina vet.
Test. 1882.

[2] Sitzungsberichte der Wiener Akademie (phil.-hist. Kl.) 1894, No. 5.

[3] Zeitschr. für alttestamentl. Wissensch. 1893 S. 223—244.

[4] Kleine Propheten. 3. Ausg. 1898 S. 159.

Frage nach der Ausdehnung der Akrosticha ist die andere zu behandeln, ob der Alphabetismus ursprünglich ist und, wenn ja, wie der jetzige Text entstanden ist.

I. Die alphabetische Ordnung erstreckt sich über die V. 1, 2—1, 15 (2, 1).

Nach Gunkel[1]) erstreckt sich der Alphabetismus über die V. 1, 2—14, dann 2, 1. 3, während 1, 2 cd zu streichen ist; der Nun-Vers kann nicht wiederhergestellt werden; in den Anfangsbuchstaben des „Zusatzverses" 2, 3, der ausserhalb des Alphabets steht, ist wahrscheinlich der Name des Verfassers שבי zu suchen, denn כ ist Zusatz. Das Anfangswort des Tau-Verses ist zu ergänzen (תם). Manche Korrekturen und Versetzungen sind vorzunehmen.

Bickell: Ausdehnung der Akrosticha 1, 2—14; 2, 1. 3. Als Nun-Vers ist 2 cd zu betrachten und nebst 3 a hinter 9 a zu versetzen. Ausser beträchtlichen Streichungen (1, 3 b. 11. 12 a. 13 b; 2, 1 a b d e), Umstellungen und Korrekturen (besonders in 2, 1. 3) sind die Anfangswörter des Pe- und Tau-Verses zu ergänzen (פחז und תחת), ausserdem noch mehrere andere Wörter.

Nowack[2]) schliesst sich bezüglich der Ausdehnung der Streichungen und der Versetzung von 2 cd, 3 a hinter 9 a an Bickell an, auch sonst zumeist.

Wellhausen lässt die Akrosticha sich nur bis 1, 8 erstrecken und erklärt die weitergehenden Rekonstruktionsversuche für „gänzlich misslungen". Ebenso neuestens M. Löhr[3]), der das Orakel mit 1, 12 beginnen lässt: 1, 2—8 ist ein Teil eines akrostichischen Gedichtes, das dem Orakel als Einleitung vorgestellt wurde, 1, 9—11 ist Werk des einleitenden Verfassers.

1. Für die Ausdehnung des Alphabetismus bis 1, 15 (2, 1) spricht zunächst die Kapiteleinteilung der alten Versionen; nur der MT. und der Syrer schliessen mit 1, 14. — Die Einbeziehung von 2, 3 ruht auf Wellhausens unrichtiger Behauptung, 2, 3 passe nicht in die mit 2, 2 beginnende Schilderung, wohl aber als Abschluss hinter 2, 1. Als Abschluss von K. 1 kann nichts besser passen als 2, 1: dahin ist der Nichtsnutz, vernichtet. Darin ist das ganze 1. Kap. kräftig zusammengefasst. Der Trost, der darin liegt, würde geradezu abgeschwächt, wenn darauf mit 2, 3 die Erinnerung an Israels Leiden folgte. Andererseits steht 2, 3 an seinem jetzigen Platze recht gut. 2, 2 enthält die ironische Aufforderung an den Feind, sich kräftig zu wehren, vgl. Jer. 46, 3. 14; 51, 11, denn der Herr werde die Unterdrückung Israels durch den Feind aufheben, d. h. letzteren vernichten. Der Zusammenhang ist wie Jer. 50: V. 29—34 wird der Anzug des Racheheeres gegen Babel verkündet und als Grund die Schuld wider Israel angegeben, gerade so wie Nah. 2, 2. 3; darauf folgt die Schilder-

---

1) Die übersichtliche Zusammenstellung der Rekonstruktionsversuche von Gunkel und Bickell s. in meinem: Der Psalm Nahum S. 14—18; doch auch unten III.
2) Handkommentar III, 4 S. 231 ff.
3) Theol. Litteraturzeit. 1901 No. 2 in einer Besprechung meines: Der Psalm Nahum.

ung des Gerichtes, das ergeht über die Fürsten, die Helden, die Rosse, Hilfsvölker, Schätze und Wasser Babels. Vgl. Nah. 2, 4 ff. — Die Umstellung von 2, 3 ist auch nicht erforderlich, um die Buchstaben völlig unterzubringen, vielmehr bringt dies eine Verlegenheit, so dass Gunkel einen „Zusatzvers" (2, 3) annehmen, Bickell und Nowack aber die Hälfte von 2, 1, wo doch der Schin-Vers sich aufdrängt, streichen müssen. — Über das angeblich verschiedene Versmass s. die Erkl.

2. Im vorliegenden Texte ist der Alphabetismus nicht vollständig durchgeführt.

Zwischen dem Aleph- und Beth Verse sind 2 Verse eingeschaltet, die jedoch leicht als Israel tröstende Glossen erkannt werden. Mehrmals ist durch Streichung eines Waw der richtige Versanfang zu gewinnen, bei 6 a durch Umstellung des zweiten Wortes an den Anfang. Im Daleth-Verse 4 c ist wohl für דאב das gebräuchlichere אמלל gesetzt und ersteres zu restituieren (Gunkel). Der Kaph-Vers wird von Gunk., Bick. gewonnen, indem sie כלה von 8 a lostrennen und damit einen neuen Vers beginnen. Einfacher ist es, das כלה 9 b vor בקמיו (statt מקומה) 8 a zu ziehen. S. die Tab. Schwieriger ist die Sache beim Mem-Verse, der vor dem Lamed-Verse steht. Man will ihn einfach umstellen, greift aber, um den korrespondierenden Halbvers zu erhalten, zu gewaltsamen Mitteln. S. die Tabelle. Das wäre zwar nicht nötig, wenn man für den Lamed- und Mem-Vers die 4 Halbverse 9 a. c; 10 a. c (denn 9 b ist offenbar verstümmelt und nicht am richtigen Platze und 10 b enthält nur Varianten) verwenden wollte. Das kann aber Gunkel und Bickell nicht, weil sie in V. 10 den Samekh-Vers suchen. Auf die angedeutete Weise lässt sich also auch der Mem-Vers befriedigend herstellen. — Aber bisher ungelöste Schwierigkeiten bereitet die Auffindung des Nun-Verses. Ganz unannehmbar ist Bickells und Nowacks Herabziehen von 2 c. d wegen des unmöglichen Gedankens, dass der hier in Betracht kommende Feind vom Gotte Israels Schonung erwarten könne. — Die gar zu gewaltsame Versetzung von 3 a. 2 c. d hinter V. 9 will B. damit erklären, dass „ein alter Leser am oberen leeren Rande und subsidär an den Seitenrändern seines Nahumblattes das alphabetische Lied eingetragen hat". Ebenso soll die Umstellung von 9 c und b, sowie von 14 c und d entstanden sein. Allein das wäre doch ein merkwürdiger Zufall, der schon durch den Alphabetismus hätte korrigiert werden müssen. — Gunkel, der in 10 den Samekh-Vers sieht, hält V. 12 für den total korrumpierten Nun-Vers, zieht aber merkwürdigerweise aus ihm ein Wort משלמים heraus und bildet aus ihm und einigen Fragmenten von V. 11 den zweiten Teil des Mem-Verses 9 a. Das übrige von V. 11 und 12 a streicht er. — Allein es ist mir unglaublich, dass eine solche sinnlose, durch nichts, etwa durch die Absicht zu glossieren, durch Schreib- oder Hörfehler, oder als Varianten erklärbare, den ganzen Zusammenhang störende Korruption in einem hl. Buche so früh unbezweifelte Aufnahme fand, dass LXX sie ziemlich wörtlich herübernahmen. Die V. 11 und 12 sind die Klippen, an denen die Rekonstruk-

tionsversuche von Gunkel und Bickell gescheitert sind.
Ersterer wirbelt die Buchstaben so lange durcheinander, bis einige halb-
wegs passend zusammenfallen, und wirft die übrigen weg; letzterer,
und nach ihm Nowack, muss zu dem sehr bedenklichen Mittel greifen,
dass er ein „durch Beschädigung des Seitenrandes" zufällig ausgefallenes
Wort ergänzt, um in 12 b. c den Pe-Vers zu erhalten. 11 a. b und 12 a
wird von ihm gestrichen.

Der Samekh-Vers ist nicht zu finden, denn V. 10 a gehört zum
Lamed-Verse, hinter dem er steht. — Der Ain-Vers ist mit Gunkel
gegen Bickell und Nowack in 13 a zu suchen. — Zum Pe-Vers ist
פסל 14 c nicht zu gebrauchen (gegen Gunkel, der abermals eine
grosse Umstellung vornimmt: 14 d teilweise, c teilweise, a, d ganz verändert). Dieser Vers fehlt. Der Qoph-Vers wird durch קבּרך eingeleitet. — Resch und Schin sind in 2, 1 (1, 15) a resp. d (mit einer
leichten Umstellung) leicht zu finden. Bickell wird durch Wellhausens resp. Gunkels Satz, dass 2, 3 nicht zum folgenden gehöre,
verleitet, 2, 1 d. e zu streichen, während G. 2, 3 als „Zusatzvers", s. oben,
fasst. Now. streicht, weil auch er den Schin- und Tau-Vers in 2, 3
sieht, 2, 1 c. d. e. f. — Der Tau-Vers wird gewonnen, indem vor 2, 1 e
תחת „deshalb weil" ergänzt wird. B. ergänzt dasselbe Wort aber
am unrechten Ort, vor 3 b, G. ergänzt vor 1 e הם „er ist dahin" und
streicht כי.

Wenn demnach die alphabetische Form unverkennbar über 1, 8
hinausreicht (gegen Wellhausen), so war andererseits bisher nicht
nachgewiesen der Nun-, Samekh- und Pe-Vers (gegen Bick., Gunk.
und Now.). Diese gehören der zweiten Hälfte des Liedes an. Auch
sonst sind die Schwierigkeiten in diesem Teile grösser als im ersten und
die alphabetische Form tritt weniger hervor. Überhaupt zeigen die
V. 1, 11 bis 2, 1 offenbar ein anderes Gepräge als die V. 1, 2—10.
In 11 a erscheint auf einmal die Anrede des Feindes in der zweiten
Person, während bisher Erzählung vorliegt. Nur 9 a enthält eine
Anrede im Plural, die sich aber im vorliegenden Texte auf Israel
bezieht. — V. 11 und 12 wurden bisher als lästige Unterbrechung
des Zusammenhangs und der alphabetischen Form gefühlt und deshalb
möglichst beseitigt.

Aber sollte es wirklich keine andere Lösung geben als die ver-
zweifelte Annahme einer ganz unerklärlichen Korruption der V. 1, 11. 12?
— Ich sehe die Lösung in dem folgenden Satze.

3. Die V. 1, 2—2, 1 enthalten zwei gesonderte Aussprüche, von denen der erste die V. 1, 2—10, der zweite
die V. 1, 11—2, 1 umfasst. Beide zusammen stellen die
Überarbeitung eines ursprünglich fortlaufenden alphabetischen Gedichtes dar.

Der erste Ausspruch bringt die Akrosticha Aleph bis Mem ziemlich
wörtlich, nur mit einer tröstenden Glosse und der beabsichtigten Umstellung und Sinnesänderung des Mem-Verses; der zweite knüpft in
V. 11 zur Einleitung an den Mem-Vers in seiner ursprünglichen Be-

deutung an und verfährt in freierer Weise. — So ist es begreiflich, dass V. 11 absolut nicht in die alphabetische Ordnung passen will, er ist eben nur Einleitung, ebenso wie 12a. Auch Löhr sieht in V. 11 (allerdings auch in V. 9 und 10) einen Zusatz des Einleiters. Die Sache erscheint mir also.

Der prophetische Verfasser der jetzigen V. 1, 2—10 hatte ein alphabetisches Gedicht vor sich, das den Untergang vom Feinde Israels schildert und verheisst. Er lebte in einer Zeit, da man ungeduldig die Befreiung erwartete, teilweise auch schon erreicht hatte, aber wegen des Zeitumstände in grosser Sorge war. Darum trug er jenes Gedicht vor, aber nur bis zum Mem-Verse, wahrscheinlich weil dies zu seinem Zwecke genügte und damit wirklich ein passender, effektvoller Schluss gegeben war. Dabei traf er die Änderung, dass er nach dem Aleph-Verse zur Gewissensschärfung des Volkes die Bemerkung einflocht: Gott werde zwar die Feinde unbarmherzig vertilgen, aber auch sein Volk, obwohl er an ihm seine Erbarmung und Macht offenbare, wegen seiner Sünde nicht ganz ungestraft lassen. Das war eine Mahnung zur Geduld und zugleich die Erklärung, warum Gott trotz der Verheissung schwere Bedrückung seines Volkes geduldet hatte. Der Überarbeiter scheint in derselben Lage gewesen zu sein wie der Verfasser von 2. Macc. 6, 12—16, der angesichts des gegenwärtigen Unheiles mahnt, dasselbe als eine gnadenvolle Prüfung zu betrachten. Vgl. 2. Macc. 5, 17. — Auch 9c „nicht zweimal nimmt (Gott) er Rache an seinen Feinden" ist umgewandelt in „nicht zweimal erhebt sich die Not", um das Volk von der Furcht vor einer abermaligen Unterdrückung zu heilen.

Eine andere Änderung betrifft den Mem-Vers. Ursprünglich war wohl die natürliche Reihenfolge 9b, 8b, 9c, 10a, 9a, 10c, so dass der Lamed-Vers dem Mem-Vers vorausging und letzterer den Sinn hatte: Was sinnt der Feind Böses gegen den Herrn? Es wird ihm alles nichts helfen. Vgl. Ps. 2, 1. Der Überarbeiter stellte 9a, 9c, 10a.c und gab dem Verse den Sinn eines Vorwurfes wegen der Ungeduld: Was denkt ihr denn kleingläubig vom Herrn? So Cyr., Theoph., Rib., Sanct., Wellh. Warum habt ihr das Vertrauen zum Herrn verloren? Diese vorwurfsvolle Frage wird vorausgestellt, um darauf in drei Halbversen die Nichtberechtigung des Misstrauens, d. h. die Gewissheit vom völligen Untergang des Feindes, folgen zu lassen. Es ist die Vorausstellung also schön und begründet durch die oratorische Wirkung, welche die drei folgenden Trostworte erzielen[1]). So geben die V. 1, 2—10 in der That ein abgeschlossenes Ganzes mit gutem Sinn und Bickell war von einem richtigen Gefühle geleitet, als er ursprünglich diese Verse zusammenfasste.

---

[1]) Wenn man dies bedenkt oder die Beziehung auf die 2. Macc. 10, 4 als möglich zugibt, so wird sich die Behauptung (Litt. Rundschau 1901 Nr. 2) nicht halten lassen, dass für den Redaktor kein Grund der Umstellung ersichtlich sei und der Urtext wesentlich dieselben Gedanken ausspreche wie die Überarbeitung. Die Umstellung ist aber vorhanden und muss einen Grund haben.

Ein anderer nahm den Faden des bekannten alphabetischen Gedichtes auf, wo der erste ihn hatte fallen lassen, also beim Nun-Verse.
Vielleicht aber ist Überarbeiter A und B dieselbe Person. Als Einleitung nahm Überarbeiter B den Gedanken und die Worte des Mem-
Verses in seinem ursprünglichen gegen den Feind gerichteten Sinne.
Damit wollte er eben andeuten, dass er das mit dem Mem-Verse fallen-
gelassene Thema fortsetzen wolle. — Auch das „So spricht der Herr"
scheint auf eine neue Rede zu deuten, es ist hier der Hinweis auf die
benützte Quelle.

Diese Auffassung bringt sofort einen nicht geringen Gewinn, insofern sie zur Entdeckung des unauffindbaren Nun-Verses führt.
Dieser war offenbar von נגוז 12 c eingeleitet oder vielmehr von dem
dafür zu setzenden נגזרו und umfasste 12 b. c. d. Ohne Zweifel hätte
man dies längst gesehen, wenn man nicht durch das totale Missverständnis von V. 11 und 12 in diesen Versen nur heillose Korruption
gesehen und schon V. 10 als den Samekh-Vers betrachtet hätte. Der
Nun-Vers verkündet den sicheren Untergang des Feindes auf eine
andere Art. Die Meere und Flüsse sind Sinnbilder des Feindes (1, 4. 8);
seine Vernichtung geschieht durch Austrocknung oder Spaltung. S. die
Erklärung. — Die Drohung lautet: Mag der Feind in höchster Blüte
zu stehen scheinen, er wird verbrannt wie eine dürre Stoppel (V. 10);
mag er drohen wie schäumende Wasser, er wird überwunden (V. 12).
Über den Wegfall des Samekh- und Pe-Verses s. unten.

M. Löhr meint, als theologische Einleitung zum mit 1, 12 beginnenden Orakel sei ein Teil eines Akrostich-Gedichtes (Aleph- bis
Kaph-Vers) benutzt worden. Dazu habe der Einleiter V. 9—11 zugefügt. Allein die Anfänge vom Lamed- und Mem-Verse sind doch
allzu deutlich, ebenso vom Ain-, Zade- und Schin-Verse. Ferner ist
kein Grund ersichtlich, warum zwischen den Kaph-Vers und das eigentliche Orakel als zweite Einleitung noch einige Verse eingeschoben sind
und warum in diesen Anrede und Erzählung wechseln. Der Ausgangs-
punkt Löhrs scheint der richtige Gedanke zu sein, dass V. 11 nicht
ursprünglicher Bestandteil ist und dass mit V. 12 eine neue Rede
beginnt.

Es liegt demnach m. E. der sehr interessante Fall vor, dass uns
in Nah. 1 zwei prophetische Reden erhalten sind, deren jede einen Teil
eines bekannten Ausspruchs zu Grunde legt und an diesem mit möglichster
Beibehaltung des Urtextes den Zeitumständen gemäss kleine Änderungen vornimmt, erklärende Zusätze macht und dem Zwecke weniger
Entsprechendes weglässt. Es ist dies ein ganz natürlicher Vorgang;
der Prediger knüpft an hl. Worte an und wendet sie auf gegenwärtige
Verhältnisse an. Ähnlich sind die Homilien der Väter oft nichts
anderes als mehr oder weniger freie Wiedergabe des Schrifttextes, wobei die Worte nicht selten einen anderen Sinn annehmen (sensus ac-
commodatus).

Der innere Beweis der vorgetragenen Auffassung liegt natürlich
darin, dass sich mit ihr alles befriedigend erklären lässt. Doch scheint
es mir, dass V. 11 schon äusserlich sich als Grenze zweier Abschnitte

resp. als Einleitung einer neuen Rede darstelle, die an das Vorausgehende anknüpfen will. V. 11 nämlich droht nicht dem Feinde, sondern charakterisiert ihn und zwar durch ein Wort aus dem letzten V. des ersten Teiles des Urgedichtes, das in dem ursprünglichen Sinne gefasst wird („der Böses sinnt" aus 9 a) und durch ein Wort aus der letzten Zeile des zweiten Teiles („Belial" aus 15 f.). Sinn: der gegenwärtige Feind ist der in dem Urgedicht Nahums gemeinte, darum trifft ihn das dort geschilderte Gericht. Nichts beweist deutlicher, dass V. 11 Einleitung einer fortsetzenden Rede ist, als diese rück- und vorwärts greifende Zusammenfassung. — Einen äusseren Beweis sehe ich auch in dem rätselhaften Haelkoschi der Überschrift, das m. E. aus dem Anfangs- und Schlussworte (el — kasch) des von dem Überarbeiter A verwendeten Teiles des Urgedichtes besteht. In diesem Falle muss selbstredend 1, 2—10 einmal ein für sich allein stehender Spruch gewesen sein. Siehe Einl. § 2, 4.

II. Es ist schon gesagt worden, das der Alphabetismus für ursprünglich zu halten ist.

Es ist an sich höchst unwahrscheinlich, dass der Überarbeiter mit der poetischen Überarbeitung stecken geblieben sei, wie Wellhausen annimmt. Abgesehen davon, dass in der alphabetischen Ordnung nichts Poetisches liegt, war doch die zweite Hälfte nicht schwerer zu überarbeiten, als die erste. Nicht glaublich ist, dass eine halbfertige Arbeit allgemeine Aufnahme gefunden hätte. — Auch sind wenigstens in einigen der V. 1, 11—2, 1 die alphabetischen Anfänge ganz offensichtlich. Der Stein des Anstosses für Wellhausen waren offenbar die V. 1, 11. 12 und sie mussten es sein, solange die Bedeutung dieser Verse nicht erkannt war.

Der jetzige Text, besonders soweit er vom Alphabetismus abweicht, kann aber auch nicht das Ergebnis blosser Korruption und Interpolation sein (gegen Gunkel, Bickell und Nowack). Nach der Rekonstruktion der genannten Gelehrten ist die Korruption der Art, dass ein solches Resultat für ein hl. Buch bedenklich wäre. Auch abgesehen davon ist es ganz unbegreiflich, wie die (nach der Annahme) zufällige Verstellung des Lamed- und Mem-Verses oder gar (nach Bickell) des Nun-Verses nicht sofort bemerkt wurde, wie sich V. 11 einschleichen, wie sich in 1, 12 eine so sinnlose Verderbtheit, wie sie Gunkel annimmt, festsetzen konnte. Gerade die alphabetische Ordnung hätte doch derlei Korruption, besonders auch den Wegfall eines Akrostichanfanges, verhindern müssen.

Der Zustand des jetzigen hebräischen Textes (und die griechische und die übrigen Versionen stimmen in den hier in Betracht kommenden Dingen überein) ist nur dadurch zu erklären, dass die Abweichungen beabsichtigte Änderungen der Überarbeiter sind, soweit nicht einfache Textfehler vorliegen.

Die prophetischen Überarbeiter verwendeten einen vorliegenden, bekannten prophetischen Ausspruch nach ihrem Sinne, indem sie die Wörter der Vorlage möglichst beibehielten. S. oben I, 3, ebenda über

die beabsichtigte Umstellung des Mem-Verses. Den Alphabetismus
haben sie wahrscheinlich gekannt, aber es lag ihnen nichts an seiner
Erhaltung; sie wollten ja die Überarbeitung nicht an die Stelle des
Originals setzen, sondern nur mit dessen Worten trösten. Freilich war
die unbeabsichtigte Folge, dass das Original wenig oder gar nicht mehr
verwendet wurde und deshalb verloren ging. Es besteht hier dieselbe
Sachlage, wie sie z. B. bei Ps. 9. 10 angenommen wird. — Unter
diesen Verhältnissen ist auch nicht notwendig, unter allen Umständen
zu sämtlichen Buchstaben Verse zu finden. Wenn der Überarbeiter
Verse umstellte, sie durch Einschiebsel trennte, warum soll er nicht
auch Verse weglassen können, die vielleicht wenig für seine Absicht
dienlich waren? Auf diese Weise sind in der That der Samekh- und
Pe-Vers ausgefallen.

Grössere Änderungen hat der Überarbeiter im zweiten
Teil vorgenommen, besonders in 1, 14.

Wellhausen findet es mit Recht auffallend, dass von 1, 12 an
die Anrede wechselt und in den Versen mit gerader Zahl der Feind
angeredet wird, in jenen mit ungerader aber Israel. W. hilft sich
einfach damit, dass er 1, 13; 2, 1 (1, 15) und 2, 3 als eingeschoben
streicht und überall bei den Suffixen der zweiten Person das Mascu-
linum herstellt. Gunkel, Bickel und Nowack streichen zwar die
Verse nicht, wohl aber alles, was sich darin auf Israel bezieht. Nur
2, 1 beziehen G. und N. auf Israel. — Nun ist wohl klar, dass dieser
Wechsel der Anrede kaum ursprünglich sein kann, dass vielmehr in
der ursprünglichen Vorlage nur der Feind genannt war bis zu 2, 1,
wo zum Schlusse Israel zum Danke aufgefordert wird. Aber dieser
Umstand berechtigt nicht zur Streichung der Verse. Es kann der
Wechsel der Anrede in der Absicht des Überarbeiters gelegen sein.
Und so ist es. Einen Fingerzeig gibt die masor. Vokalisation der
Suffixe. 1, 11. 12. 13 sind sie als Feminina, 1, 14 aber als Masculina
vokalisiert. Es ist wohl anzunehmen, dass dieses Vorgehen nicht reine,
unverständliche Willkür ist, sondern auf Tradition beruht. Begründet
ist die Vokalisation, wenn der Überarbeiter 1, 11. 12. 13 vom Feinde
versteht, dagegen 1, 14 (und natürlich auch 2, 1, wo das Femin. durch
„Juda" beeinflusst ist) von Israel. Das Femininum ist vom Feinde
vielleicht in geringschätzigem Sinne gebraucht. — Bei 1, 13 wird die
Beziehung auf den Feind durch Streichung eines leicht erklärlichen
Zusatzes erreicht. In V. 14 ist die Änderung bedeutender. Das Bestreben ist, mit möglichster Schonung der ursprünglichen Wörter einen
an Israel direkt gerichteten Trostspruch zu gewinnen.

III. Das rekonstruierte Urgedicht.

Vorbemerkung. Das Urgedicht soll selbstredend nur annähernd
hergestellt werden, da nach meiner Annahme in Nah. 1 nicht Korruption, sondern absichtliche Überarbeitung des Ursprünglichen vorliegt.
Deshalb ist die Einrede von Löhr, dass auch nach meiner Auffassung
die Wörter vielfach Änderung erleiden müssen, hinfällig. — Das Nähere
in der Erklärung. Die eingeklammerten Wörter sind ergänzt.

### 1. Strophe 2 a—5 d.

אֵל קַנּוֹא וְנֹקֵם — יְהֹוָה בַּעַל חֵמָה : 2 a. b

בְּסוּפָה וּבִסְעָרָה דַּרְכּוֹ — וְעָנָן אֲבַק רַגְלָיו [2]) : 3 c. d[1])

גּוֹעֵר בַּיָּם וַיַּבְּשֵׁהוּ — וְכָל־הַנְּהָרוֹת הֶחֱרִיב : 4 a. b

דָּאַב[3]) בָּשָׁן וְכַרְמֶל — וּפֶרַח לְבָנוֹן אֻמְלָל : c. d

הָרִים רָעֲשׁוּ מִמֶּנּוּ — וְהַגְּבָעוֹת הִתְמֹגָגוּ : 5 a. b

וַתִּנָּשֵׂא[4]) הָאָרֶץ מִפָּנָיו — תֵּבֵל וְכָל־יוֹשְׁבֵי בָהּ : c. d

### 2. Strophe (1. Gegenstrophe) 6 a—10 a.

זַעְמוֹ מִי יַעֲמֹד לְפָנָיו — וּמִי יָקוּם בַּחֲרוֹן אַפּוֹ : 6 a. b

חֲמָתוֹ נִתְּכָה כָאֵשׁ — וְהַצֻּרִים נִתְּצוּ מִמֶּנּוּ : c. d

טוֹב יְהֹוָה (לְעֹזִי בּוֹ) [5]) — מָעוֹז בְּיוֹם צָרָה : 7 a. b

יָדַע (יְהֹוָה) חֹסֵי בוֹ — וּבְשֶׁטֶף כָלָה יַעֲשֶׂהּ [6]) : c. 8 a

כָלָה יַעֲשֶׂה בְקָמָיו — וְאֹיְבָיו יְרַדֶּף חֹשֶׁךְ : 9 b. 8 b

לֹא יָקוּם פַּעֲמַיִם בְּצָרָיו — כִּי עַד סָבַךְ אֻכְּלוּ : 9 c. 10 a [7])

### 3. Strophe 9 a—13 b.

מַה תְּחַשְּׁבוּן עַל יְהֹוָה — מָלֵא(וּ) יֻבְּשׁוּ כְּקַשׁ : 9 a. 10 c [8])

נָגֹרוּ כְּמַיִם רַבִּים — עֲנָתַם לֹא אֲעַנֵּם עוֹד : 12 b. c. d [9])

ס-Vers fehlt.

עַתָּה אֶשְׁבֹּר מִטֵּם — וּמוֹסְרֹתֵיהֶם אֲנַתֵּק : 13 a. b

פ-Vers fehlt.[10])

### 4. Strophe (2. Gegenstrophe) V. 14—15.

צַוָּה עָלֶיהֶם יְהֹוָה — לֹא יִזָּרַע בְּשִׁמְם עוֹד : 14 a. b

[ „ „ „ מ: — „ „ „ oder ]

---

[1]) 2 c—3 b ist tröstender Zusatz des Überarb.; Bick. und Now. stellen 3 a 2 c d als Mem- resp. Nun-Vers hinter 9 a und streichen 3 b.

[2]) Bick. und Gunk. ändern: Gewölk und Staub sind zu seinen Füssen.

[3]) So nach Gunk. für אֻמְלָל.

[4]) Bick., Now.: וְתֻשָּׁא es ist wüste; Gunk.: וַתִּשָּׁא es erbrauset.

[5]) Gunk. u. Now. ergänzen לְקֹוָיו; Bick. 7 a לְעֹזִי, 7 b יַצִילֵם er errettet sie.

[6]) Gunk. u. Bick. machen aus 8 a des MT. zwei Zeilen, indem sie ein Wort ergänzen: und bei überschwemmender Flut rettete er sie (יַמְלִטֵם resp. יְשַׁמְרֵם), den Garaus macht er seinen Feinden; 9 b setzen sie hinter 9 c.

[7]) Zu 9 b (als 2. Zeile des ל-V.) zieht Gunk. aus 10 a (עַד לְ) herauf, Bick. עַד (כְּמוֹ): für immer, resp. am Gerichtstage, den Rest von 10 a und 10 c betrachten G. u. B. als ס-Vers; G.: wie ausgerissene Dornen w. sie abgemäht (יֻמַּלּוּ), wie d. Gras w. sie welken (יִבְּלוּ). B.: Dorngestrüpp ist kraftstrotzend (?), aber . . . es welkt.

[8]) Als 2. Zeile des מ-V. bildet G. aus 11 b u. 12 b einen Satz: sinnet ihr (תְּיָעֵצוּ) Unheil wider Friedliche (מְשֻׁלָּמִים)?; B. u. Now. ziehen 3 a 2 c d herunter, zugleich als נ-Vers, während G. glaubt, dass letzterer in dem völlig verderbten V. 12 stecke.

[9]) 11 a b 12 a ist Einleitung des Überarbeiters B, Bick. streicht diese Zeilen ohne Begründung, Gunk. s. oben, 11 a streicht er ganz.

[10]) Bick. nimmt als diesen 12 b c, indem er das Anfangswort ergänzt: Übermut (פַּחַז) des Tyrannen ist wie Hochwasser, doch es sinkt und verläuft. So auch Now.; Gunk. nimmt als Pe-V. 14 c (d): Schnitzbild u. Gussbild u. s. f.

קברם אשים בקלון — אכרית פסל ומסכה : d. c¹)

רגלי מבשר על ההרים — הנה משמיע שלום : 15 a. b

שלמי (ירושלם) נדריך — חני יהורה חגיך d. c

(תחת) כי לא יעבר־בך עוד — בליעל כלה נכרת : e. f²)

## 1. Strophe.

2 a: Ein Eiferer und Rächer ist Gott, — b: zornmütig ist der Herr.

3 c: In Sturm und Wetter ist sein Weg — d: und (wie) eine Wolke ist der Staub seiner Füsse.

4 a: Er schilt das Meer und macht es trocken — b: und alle Ströme lässt er versiegen.

c: Basan und Karmel verschmachten — d: und des Libanon Blüte verwelkt.

5 a: Es erbeben die Berge vor ihm — b: und es erzittern die Hügel.

c: Vor seinem Anblick wird die Erde erschüttert, — d: der Erdkreis und all seine Bewohner.

## 2. Strophe.

6 a: Wer kann bestehen vor seinem Grimm? — b: Wer trotzen seiner Zornesglut?

c: Ein Feuerstrom ist sein Zorn — d: und vor ihm stürzen die Felsen.

7 a: Gut ist der Herr denen, die zu ihm flüchten, — eine Zuflucht am Tage der Not.

b: Es kennt der Herr die auf ihn hoffen — 8 a: und der Flut macht er ein Ende.

9 b: Ein Ende macht er seinen (8 a) Widersachern — 8 b: und Finsternis verfolgt seine Feinde.

c: Nicht zweimal rächt er sich an seinen Gegnern, — 10 a: denn verzehrt werden sie wie ein Gestrüppe.

## 3. Strophe.

9 a: Was sinnen sie gegen den Herrn? — 10 a: Sie verdorren ganz gleich einer Stoppel.

12 b. c: Gespalten werden sie wie die grossen Gewässer, — 12 d: züchtigen will ich sie einmal für immer.

### Samekh-Vers fehlt.

13 a: Ja zerbrechen will ich ihren Stab — b: und ihre Fesseln zerreissen.

### Pe-Vers fehlt.

---

1) Gunk. hält den ק-Vers mit Ausnahme des Anfangs קרוב (so will er lesen) für verloren; Bick.: Deine Grüfte will ich zu Misthaufen (קיקלות) machen; auch er stellt 14 c d um und streicht: aus dem Hause deines Gottes.

2) Gunk. ergänzt vor 15 e חם, da er wie auch Bick. auch 2, 3 zum Urgedicht rechnet, nimmt G. einen 2. שׁ-Vers an (3 a c d) und B. muss, um 2, 3 verwenden zu können, 1, 15 (2, 1) a b d e streichen und anderes ändern; Now. streicht 2, 1 c—f.

4. Strophe.

14 a: Beschlossen hat der Herr gegen sie: — b: nimmer werde ihres Namens gedacht!

   d: Machen will ich ihr Grab zur Schande, — c: Schnitzbild und Gussbild will ich vernichten.

15 a: Die Füsse des Boten auf den Bergen! — b: Siehe, er kündet den Frieden.

   d: Erfülle, Jerusalem, deine Gelübde! — c: Feiere, Juda, deine Feste!

   e: Denn nicht mehr wird er in dir schalten, — f: dahin ist Belial, vernichtet.

Man beachte, dass das Urgedicht mit Einrechnung der zu ergänzenden Verse ganz natürlich in vier Strophen zerfällt, von denen die beiden ersteren je sechs, die letzteren je fünf Verse umfassen. Strophe 2 resp. 4 steht zu Str. 1 resp. 3 im Verhältnis der Antistrophe, denn es besteht offenbar Responsion; vgl. die gesperrten Stellen 2 a. b und 6 a. b; 4 a und 8 a; 5 a und 6 d; vor allem aber den Anfang der 3. und 4. Strophe, die eine auffallende antithetische Responsion aufweisen: was sinnen sie gegen den Herrn? Beschlossen hat der Herr gegen sie. In beiden Versen ist im Urgedicht von dem Feinde die Rede, die Überarbeitung aber bezieht beide auf Israel. Diese beiden Beobachtungen scheinen mir sehr für die Richtigkeit meiner Auffassung über das Verhältnis des Urgedichtes zum Vorliegenden zu sprechen.


B.

**Erklärung des vorliegenden Textes.**

Die Überschrift (V. 1) hat zwei Teile: 1. משא נינוה LXX: λῆμμα, Aqu.: ἄρμα, Vulg.: onus, Syr.: plaga, Chald.: onus calicis. משא ist von נשא tragen abzuleiten: belastende Offenbarung; dem steht nicht Zach. 12, 1 entgegen, denn es kann später jede auch nicht ausdrücklich drohende Weissagung „Last" genannt worden sein, wie ja thatsächlich jede Begnadigung die vorausgegangene Bestrafung voraussetzt. Gerade der Spott Jer. 23, 33 ff. über „Last des Herrn" beweist, dass das Wort in diesem Sinne gebräuchlich war. Andere leiten das Wort von נשא קול ab: Spruch, Hochspruch (Ew.). 2. Buch (ספר) des Gesichtes des Nahum. — Diese doppelte Überschrift steht einzig da im A. T. und ist deshalb und weil die beiden Teile ohne Verbindung nebeneinander stehen (vgl. z. B. damit Jes. 13, 1: Last über Babel, welche sah J.) schon Grimm (1790), Eichhorn und Ewald aufgefallen. Ersterer streicht den ersten Teil, letzterer den zweiten. Sicher ist die Überschrift nicht ursprünglich, ich halte dafür, dass der zweite Teil ursprünglich zu Kap. 1 gehörte, während der erstere die Aufschrift zu Kap. 2. 3 war. Der Einwand von O. Strauss u. a., dass das Suff. in מקומה 1, 8 unverständlich sei, wenn in der Überschrift Nineve nicht genannt wäre, ist hinfällig, denn das Wort ist mit LXX בקמיו

zu lesen. סֵפֶר ist jede Urkunde Jer. 32, 12, hier eine niedergeschriebene Offenbarung Jes. 29, 18. נַחוּם ist wie z. B. רחוּם gebildet: trostvoll, tröstend, trostbringend. Über הָאֶלְקֹשִׁי s. die Einl. § 2.

Einteilung. — O. Strauss nimmt 3 Teile an: 2—6; 7—11; 12—14. Besser ist die Einteilung von Knabenbauer: 2—8; 9—15. — Nach dem in der Einleitung § 2 Gesagten besteht Kap. 1 aus zwei für sich stehenden Aussprüchen: 1. V. 2—10; 2. V. 11—15 (2, 1). — Der Inhalt beider ist: das Gericht Gottes muss den Feind vernichten und so Israel erretten. — Die Art des ersten Ausspruches ist ganz die eines über Gott und seine Eigenschaften reflektierenden Psalmes, vgl. Ps. 18 (17), während der zweite Ausspruch sich mehr der prophetischen Verkündigung nähert und in Verheissung und Drohung konkreter ist. — Was die äussere Form angeht, so haben Überarbeiter A und B wie das Urgedicht je zwei Zeilen zu einem Verse zusammengefasst; ersterer hat auch die drei Betonungen jeder Zeile wie im Urgedicht ziemlich durchgehend beibehalten, letzterer ist freier verfahren und weist öfter ungleich lange Zeilen auf, wie dies in Kap. 2 und 3 die Regel ist.

## I. Ausspruch 1, 2—10[1]).

Einleitung V. 2—3.

2. Ein Eiferer und Rächer ist Gott, [. . .]
        zornmütig ist der Herr.
    Rache nimmt er an seinen Feinden
    und er trägt nach seinen Gegnern.

3. Geduldig und gross an Macht ist der Herr,
        aber ganz straffrei lässt er nicht.

Die göttliche Strafgerechtigkeit begründet das zu schildernde Gericht. Zum Ausdruck vgl. Ex. 20, 5; 34, 14; Jos. 24, 19; Ez. 38, 19; Mich. 5, 14. — 2 c. d beschränkt erklärend den Zorn und die Rache Gottes auf seine Feinde und 3 a. b sagt, dass Gott seinem Volke gegenüber seine Macht und Erbarmung offenbare, obgleich er auch dessen Sünde bestrafe. Unrichtig bezieht man allgemein 3 a. b auf die Feinde Gottes (Wellh.: Gott hat die Rache aufgeschoben, nicht aufgehoben, Knab., Gunk., Now., der aber mit Bick. 3 a, 2 c. d hinter 9 a stellt).

Nach der Schrift ist Gott langmütig, geduldig gegen die Seinen, Ex. 34, 6; Num. 14, 17. 18; Joel 2, 13; Ps. 86, 15. Dem widerspricht nicht Jon. 4, 2, denn hier handelt es sich um die bekehrten Völker, bei Nahum aber um den grundsätzlichen Widersacher Gottes. Zwar wird 2. Macc. 6, 14 Gott μακροθομῶν hinsichtlich der Heidenvölker genannt, aber in dem Sinn: er lässt seine Feinde eine Zeit lang gewähren, um sie dann für alles auf einmal zu strafen. Der Sinn unserer Stelle kann nur sein wie 2. Macc. 6, 16: für den Feind ist das Gericht

---

1) Eckige Klammern bedeuten Streichung am MT., runde bedeuten Ergänzung zum MT.; gesperrte Wörter sind emendiert und zwar nach LXX, wenn sie mit Stern versehen sind.

Vernichtung, für Israel eine vorübergehende Prüfung und gnädige
Strafe. Der Ausdruck „Gott ist gütig, aber straflos lässt er nicht"
kann sich nur auf das Volk Gottes beziehen, so Ex. 34, 6. 7; Num.
14, 18; Jer. 30, 11; 46, 28, welche Stelle unserer sehr ähnlich ist und
auch כלה עשה, vgl. Nah. 1, 8. 9, enthält. „Langmütig" will hier nicht
speziell auf die lange Zeit, während welcher Gott die Strafe aufschiebt,
hinweisen, denn das ist nicht immer ein Zeichen der Gnade, 2. Macc.
6, 14, sondern bedeutet allgemein: geduldig, verzeihend, ertragend, wie
Ex. 34, 6. כה Macht braucht wegen Ex. 34, 6; Nun. 14, 18 u. ö.,
wo Langmut und Gnade parallel stehen, nicht mit Bick., Now. in
חסר geändert zu werden, denn der Sinn ist: Gott ist zwar gütig und
stark und könnte Israel vor dem Feinde bewahren, aber er hat es zu
seinem Heile strafen wollen. In diesem Sinn steht כה Num. 14, 17,
woher es sicher genommen ist. Gerade dieses überall bezeugte כה
macht die Beziehung von 3 a. b auf den Feind unmöglich. — 2 b ist
das zweite נקם יהיה (samt dem folgenden Waw) als Dittographie nach
S und A zu streichen (mit Gunk. gegen Now.). Zu נטר mit ergänztem
אף vgl. Ps. 103, 9; Jer. 3, 5. LXX ἐξαίρων lasen נטל Dan. 7, 4
oder נתר Hiph. vgl. Hab. 3, 6. — Wellh. streicht die V. 2 c. d 3 a. b,
weil sie ihm ziemlich zusammenhangslos scheinen. Sie unterbrechen
wirklich den Zusammenhang und sind erklärende Glosse, wie der 3 c wieder
einsetzende Alphabetismus beweist, s. die Tab. Der Überarbeiter des
alphabetischen Urgedichts wollte das Volk trösten und beschränkte deshalb den Inhalt von 2 a. b auf den Feind, während er mit bekannten
Worten (Ex. 34, 6; Num. 14, 18) darauf hinwies, dass die gegenwärtigen
Leiden Israels nur eine Prüfung seien. Eben weil der Sinn dieser
Worte wohl bekannt war, brauchte nicht ausdrücklich gesagt werden,
dass 3 a. b auf Israel sich bezieht. — Über die Verstellung von 3 a
2 c. d hinter 9 a durch Bick. und Now. s. das Urgedicht. Die Schwierigkeit dieses Vorgehens ist um so grösser, als damit eine zweite Verstellung (3 a vor 2 c. d) verbunden ist und dann 3 b als aus Ex. 34, 7
eingetragen gestrichen werden müsste.

### Allgemeine Schilderung des Gerichtes V. 3 c—6.

3. Im Sturm und Wetter ist des Herren Weg
   und (wie) eine Wolke ist der Staub seiner Füsse.
4. Er schilt das Meer und macht es trocken
   und alle Ströme lässt er versiegen.
   Basan und Karmel verschmachten
   und des Libanon Blüte verwelkt.
5. Es erbeben die Berge vor ihm
   und es erzittern die Hügel.
   Vor seinem Anblick wird erschüttert * die Erde,
   [und] der Erdkreis und all seine Bewohner.
6. Vor seinem Grimme — wer kann bestehen?
   und wer kann trotzen seiner Zornesglut?
   Ein Feuerstrom ist sein Zorn
   und vor ihm stürzen die Felsen.

Das Gericht wird in bekannten Ausdrücken geschildert: die ganze
Natur wird erschüttert, vgl. z. B. Hab. 3; Jer. 13, 9—13. — Das all-
gemein (von LXX am Ende von 3 b) bezeugte יהוה ist vom Überarbeiter am Anfange des ב-Verses zugefügt, nachdem dieser vom א-
Verse durch vier Zeilen getrennt worden war. V. 3. Im Sturme (Jes.
17, 13; Hab. 3, 6; Ps. 18, 11) ist sein Weg, wenn er zum Gerichte
heranzieht. Die Emendation: Wolke und Rauch (Gunk., oder Staub:
Now.) sind zu seinen Füssen, vgl. Hab. 3, 5, ist unnötig. Wolke ist
Bild der grossen Menge wie Hab. 2, 6 (vgl. dazu meine Erkl. S. 38),
Ez. 30, 18; 38, 9. 16; Hebr. 12, 1. Staub, Streu, Asche, die den Feind
bedecken, sind Bild des göttlichen Gerichtes Jes. 29, 5; Soph. 2, 2; der
Staub wird Ez. 26, 10 von den Rossen Babels, hier von den Füssen
des heranziehenden Herrn selber aufgewirbelt. — V. 4. Er schilt das
Meer. Das Austrocknen der Gewässer bedeutet die Vernichtung der
Weltmächte. Es geschieht, um Israel zu retten, Jes. 11, 15; 42, 15;
50, 2; Zach. 10, 11 u. ö. Voraus geht das Schelten Jes. 17, 13; 50, 2;
Ps. 106, 9. Gunk. emendiert entgegen den Versionen nach Ps. 106, 9
ויבש und es vertrocknet, allein die aktive Form passt zum parallelen
Gliede und steht auch Jes. 50, 2. — Basan, Karmel und Libanon
werden nach der gewöhnlichen Meinung als an Pflanzen und Bäumen
reiche Gegenden genannt. Allein es muss einen besonderen Grund
haben, dass Basan u. s. f. neben den Wassern, Bergen und der ganzen
Erde besonders erwähnt werden. Der Gedanke, dass das Gericht auch
über Israel ergehe (Jes. 24; 33, 9), liegt dem Zusammenhange ganz
ferne, denn der Herr zieht heran zur Rettung seines Volkes aus schwerer
Not. Der Sinn kann also nur sein wie Ez. 38, 18—23: der Sturm
des Herrn kommt über Israel, weil dort der Feind sich befindet, um
ihn auf Israels Bergen zu vernichten. Nahum setzt die Not des ein-
gedrungenen Feindes (Ez. 38, 1—17; Ps. 18 [17], 5—7) voraus und
beginnt mit dem Einschreiten des Retters (Ez. 38, 18; Ps. 18, 8). Jedenfalls kann Nah. 1, 3 ff. nicht die Vernichtung des assyrischen Reiches
geschildert sein, wohl aber könnte wie Zach. 11, 1 (Libanon und Basan)
das syrische Reich gemeint sein. Das setzt eine Zeit voraus, da die
Syrer bis tief in Palästina hinein sich festgesetzt hatten. — Das erste
אמלל ist erst später an Stelle eines ungewöhnlicheren Wortes, das mit
ר beginnen musste (ראב), gesetzt worden, LXX, Vulg., Syr. bieten
noch zwei verschiedene Wörter. V. 5. Die „Berge" stehen nach Jes.
2, 2. 14 oft als Sinnbild der irdischen Macht. Hab. 3, 10 erklären
LXX die „Berge" mit „Völker", Jes. 42, 15 steht Erschütterung der
Berge parallel zur Erleuchtung der Blinden und Judith 16, 15—17
gegensätzlich zur Rettung der Frommen. „Berg" war ein babyl. Götter-
name, besonders Bels[1]). Gegen die bildliche Bedeutung von „Meer",
„Flüsse" u. s. f. wendet O. Strauss ein, dass in diesem Sinn auch das
schliessende: Erde und ihre Bewohner — bildlich genommen werden
müsste. Allein es werden nicht selten neben den bildlichen Bezeichnungen auch die eigentlichen gebraucht, z. B. Jes. 60, 5 (Meer, Völker),

---

1) Fr. Hommel, Altisrael. Überlieferung S. 109, 110.

Zach. 11, 1 (Bäume des Libanon, die Edlen), Ps. 65, 8 (Meer—Völker).
— וְתִשָּׂא. Die intrans. Bedeutung „sie erhebt sich" ist trotz Hos. 13, 1,
Hab. 1, 3, Ps. 89, 10 unsicher, LXX ἀνεστάλη und Symm. ἐκινήθη
lasen wohl richtig Niph. תִנָּשֵׂא: vom Platze hinweggehoben, erschüttert
werden, wanken, erzittern, Cyr.: χωρήσει. Aq., Theodor. ἔφριξε, Vulg.
horruit haben wohl erklärend übersetzt, nicht aber וְתִשָּׂא (von שָׁאָה
rauschen) Jes. 17, 12. 13 (Cap., Gunk.) oder וְתֻשָּׁא sie ist wüste Jes.
6, 11 (Chald., Bick., Now.) gelesen. Gegen ersteres spricht, dass שָׁאָה nur
vom Wasser ausgesagt wird, gegen letzteres („sie ist öde"), dass dies
zu den „Bewohnern" der Erde nicht gut passt. Zum Gedanken vgl.
Jes. 17, 13: die Völker fliehen und werden hinweggerafft; 24, 19. 20:
die Erde wird von ihrem Platze bewegt, Apoc. 2, 11; 6, 14. 16; 20, 11.
— Waw vor dem erklärend zusammenfassenden: Erdkreis u. s. f. ist
nach LXX und Syr. mit Wellh. zu streichen, vgl. Ps. 24, 1; 98, 7.
— V. 6 setzt die Schilderung nicht fort, sondern schliesst ab mit dem
Worte, dass das Gericht unwiderstehlich ist auch für das Festeste, für
die Felsen, vgl. Jer. 23, 29, Ps. 76, 8 und besonders Judith 16, 13 ff.
נִתַּךְ Niph. sich ergiessen und נִתַּץ Niph. eingerissen werden — werden
beide von Wellh. beanstandet; aber ersteres ist in demselben Sinne
(vom Zornesfeuer) Jer. 7, 20; 44, 6 bezeugt und die Versionen lasen
dasselbe Wort. Ferner soll „eingerissen werden" nicht passen, weil
Feuer nicht einreisse (Wellh., Gunk., Bick., Now.), weshalb נִצְּתוּ
zu emendieren und ev. die beiden Verba nach Syr. umzustellen seien.
Allein 6 d setzt nicht den Vergleich mit dem Feuer fort, sondern bringt
eine neue Wirkung des göttlichen Zornes: er reisst (wie eine Wasserflut) die Felsen ein. Feuer und Wasserstrom sind Strafwerkzeuge
Gottes und stehen oft nebeneinander, vgl. Ez. 38, 22; Judith 16, 15.
— In מִמֶּנּוּ braucht nicht nach Syr. mit Gunk., Bick. das weibl.
Suff. hergestellt zu werden, das Suff. bezieht sich auf den Zornmütigen
V. 2. — Im Urgedicht muss V. 6 mit וְעִמְּוֹ begonnen haben. Die
Erklärung, dass das Waw des ursprünglich am Schlusse von 6 a
stehenden לְפָנָיו irrtümlich zu מִי 6 b gezogen worden sei, worauf nun
לִפְנֵי vor ein von ihm abhängiges Wort, nämlich an den Anfang von
6 a habe treten müssen (Bick., Gunk., Now.) setzt voraus, dass die
Veränderungen des Urtextes durch Korruption entstanden seien. Sie
ist auch unwahrscheinlich, denn erstens ist die Verbindung der zweiten
synonymen Verszeile durch Waw wie sonst so bei Nahum die Regel
und zweitens wäre ein ausgefallenes oder versetztes Waw leicht ergänzt
worden. Einfacher ist die Annahme, dass der Überarbeiter, dem am
Alphabetismus nichts lag, die natürliche Wortfolge herstellte.

Z w e c k   d e s   G e r i c h t e s:   e n d g i l t i g e   V e r n i c h t u n g   d e s   F e i n d e s
u n d   R e t t u n g   I s r a e l s   V.   7—10.

       7. Gut ist der Herr (*denen, die zu ihm flüchten*),
              eine Zuflucht am Tage der Not.
        Und (der Herr) kennt die auf ihn hoffen
8 a.      und der strömenden Wasserflut macht er ein Ende.
9 b. Ein Ende macht er *seinen Widersachern* (8 a)

8 b.    und Finsternis verfolgt seine Feinde.
9 a.    Was denkt ihr denn vom Herrn?
9 c.    Nicht zweimal *rächt er sich* an seinen Feinden
      (oder: nicht zweimal erhebt sich die Not).
10.     Denn verzehrt sind sie wie ein Gestrüppe, [. . .]
      Verdorrt völlig gleich einer Stoppel.

Ist die Not, aus der der Herr die Seinen (V. 7) rettet, die V. 2—6
beschriebene, so dass sie also zuerst, wenn auch nur vorübergehend,
auch Israel trifft, oder ist es die 3 b angedeutete Not, welche der Feind
über Israel gebracht hat, und zu deren Wendung eben der Herr erscheint, vgl. Hab. 3, 13? Gegen die erstere, gebräuchliche Ansicht
spricht, dass das Gericht als ein unentrinnbares geschildert wird, sich
also gegen den Feind wendet. Auch müsste der Gedanke, dass Israel
zwar dem Gerichte verfällt, aber daraus gerettet wird Jer. 30, 7, deutlich
ausgesprochen sein. Der Zusammenhang ist genau wie Judith 16, 14—17:
erst wird das Gericht im allgemeinen bildlich beschrieben, dann sein
Zweck, Israel zu retten, angegeben und endlich das Gericht noch einmal in eigentlicher Weise angedroht; ähnlich Ez. 38, 18—22 und
Ps. 18 (Erschütterung der Erde zur Rettung Davids, den Gott aus
den grossen Wassern zieht, vgl. Nah. 1, 8 a). Also der Herr zeigt
sich gnädig (V. 7), indem er Israel durch das V. 2—6 geschilderte
Gericht aus der Feindesnot befreit und zwar endgiltig, so dass Israel
ohne Furcht sein kann (V. 8—10).

V. 7 a enthält offenbar den ursprünglichen ט-Vers. Die Rekonstruktion s. vorne A III. Bick. (zuerst), Gunk., Now. ergänzen, um
zwei Zeilen zu erhalten, nach Thr. 3, 25, vgl. Ps. 25, 3; 37, 9, in der
ersten Zeile לקוו „die auf ihn hoffen", womit LXX τοῖς ὑπομένουσιν
αὐτόν stimmen würden. Später ergänzte Bick. nach Jes. 30, 2:
לעֹזֵי במעוזו „die Schutz suchen in deinem Schutze". Das hat für
sich, dass dabei der Ausfall des ersten (MT.) oder des zweiten (LXX)
der ähnlichen Ausdrücke leichter sich erklärt, dagegen spricht, dass in
der zweiten Zeile ein Wort ergänzt werden muss. Besser erscheint es,
als erste Zeile des Urgedichtes zu lesen: Gut ist der Herr denen, die
zu ihm flüchten (לעֹזֵי בו), und den Rest als zweite Zeile zu betrachten.
Dann wäre entweder wie oben der Wegfall je eines der Ausdrücke in
MT. resp. LXX anzunehmen oder unwahrscheinlicher eine Kürzung
des Überarbeiters. In diesem Falle wäre aber 7 a in zwei Zeilen zu
zerlegen (Gut ist der Herr — eine Zuflucht u. s. f.), weil sonst nicht
bis zum Schlusse (V. 10) Verse mit je zwei Zeilen gebildet werden
könnten, wie doch offenbar der Überarbeiter gleich dem Dichter beabsichtigt, wenn auch ersterer die ursprünglich gleiche Länge der Zeilen
einige Male vernachlässigt.

V. 8. Schwierigkeit macht die Bestimmung der zweiten Jod-Verszeile,
wenn man mit Bick., Gunk., Now. den Kaph-Vers mit כלה 8 a
beginnen lässt. Man muss dann zu בשטף עבר ergänzen „er rettet
sie". LXX verraten das Richtige: καὶ ἐν (ἐν fehlt Ms. 153) κατακλυσμῷ πορείας συντέλειαν ποιήσεται, τοὺς ἐπεγειρομένους καὶ τοὺς

ἐχθροὺς αὐτοῦ διώξεται σκότος. Sie nehmen als Objekt zu „er macht ein Ende" nicht das folgende τοὺς επ. (Accus.!), sondern das vorausgehende ἐν κατακλυσμῷ und συντέλειαν ποιεῖσθαι ἐν ist wörtliche Übersetzung von כלה עשה ב etwas vernichten, Jer. 30, 11; also: Gott macht der Wasserflut ein Ende, d. h. der feindlichen Macht, vgl. Ps. 18, 17. 18 (Gott rettet, indem er aus den Wassern herauszieht). Es ist das Meer V. 4 und das Wasser V. 12. Gewöhnlich fasst man שטף עבר als Werkzeug des göttlichen Gerichtes: mit einer Flut vernichtet er ..., allein so lässt sich kein Objekt finden, denn מקומה kann es nicht sein, s. unten. Wasserflut ist hier Symbol des feindlichen Heeres (Hier., Bick., Gunk., Now.); derselbe Ausdruck Jes. 8, 8; Dan. 11, 10. 40, vgl. 11, 25; Ps. 124, 4. 5, vgl. Ps. 32, 6. Sonst steht in demselben Sinne: die Ströme austrocknen Jes. 19, 5, vgl. Hab. 3, 8—10. — Vom Jod-Verse ist מקומה übrig geblieben, was auch nicht zu 8b gehören kann, weil dieser dadurch überfüllt und zwei Objekte erhalten würde. Man übersetzt gewöhnlich „ihrer Stätte macht er ein Ende" und bezieht das Suff. auf Nineve in der Überschrift. Allein abgesehen davon, dass diese sicher erst später an die jetzige Stelle gekommen ist, müsste Nineve vorher im Texte genannt sein. Nur in der Anrede kann mit dem einfachen Suff. von dem noch nicht genannten Feinde gesprochen werden, weil der Sinn durch den Zusammenhang sofort klar wird, vgl. 1, 11; 2, 2. Auch ist im Folgenden nicht von Nineve, sondern von den Feinden die Rede. מקומה ist kritisch unhaltbar. Nur Vulg. und Sym. lasen so. Chald. und Syr. haben zwar das Wort, aber mit männl. Suff., und auch Hier. bezieht das Suff. nicht auf Nineve, sondern auf שטף (masc.!): er macht dem Orte der Flut, d. h. der Flut selber, ein Ende, vgl. Ps. 36 (37), 36. Die übrigen Versionen lasen ein Part. von קום; Aq. und ed. V.: ἀπὸ ἀνισταμένων = מקמיו; ebenso wohl LXX: τοὺς ἐπεγειρομένους (αὐτοῦ ist aus dem folgenden ἐχθροὺς αὐτοῦ zu ergänzen) und Theod.: consurgentibus ei. Möglich wäre, dass die beiden letzteren קמיו lasen, denn auch Jer. 30, 11 wird כלה עשה abwechselnd mit ב und mit Acc. konstruiert. Chald. hat beide Wörter: „Gott vernichtet die Völker, die sich erheben (קום) und das Haus des Herrn (מקומה) verwüsten". Aus dem Schwanken des Chaldäers ergibt sich, dass damals beide Lesarten existierten. Sicher ist, dass das weibl. Suff. erst nach dem Chald. und Syr. aufkam, wohl weil man aus Ratlosigkeit in dem Worte eine Beziehung auf die Überschrift finden wollte. Die Unsicherheit erklärt sich daraus, dass בקמיו (so ist zu lesen, nicht mit Wellh.: מתקוממיו) von seinem ursprünglichen Platz verrückt wurde. In 9b vermisst man ein Wort, setzt man diese zu kurze Zeile herauf vor das überschüssige בקמיו 8a, so ergibt sich sehr passend die erste Kaph-Verszeile: ein Ende macht er seinen Widersachern. Dadurch wird die für Bick., Gunk., Now. notwendige Ergänzung je eines Wortes im Jod- und Lamed-Verse unnötig. S. die Tab. — Die erste Kaph-Verszeile, die auch in der Überarbeitung unverändert blieb, heisst also כלה יעשה בקמיו. Weil nun diese Zeile mit denselben Worten anfängt, mit welchen die vorausgehende schliesst, so wurde das zweite כלה יעשה von einem Abschreiber irrtümlich weggelassen, von einem anderen aber wieder hineinkorrigiert, wodurch es an eine unrichtige Stelle geriet, hinter 9 a. עשׂה הו ist wohl aus יעשׂה entstanden. — Zu קמיו seine Feinde vgl. Deut. 33, 11. — Finsternis ist ein weiteres Strafmittel Gottes und eine Begleiterscheinung des Gerichtes, vgl. Ps. 88, 13; 35, 6; Jes. 47, 5; Job. 18, 18. Sie ist personifiziert wie Judith (Vulg.) 9, 7; Ps. 35, 6, wo sie als ein den Feind verfolgender Bote Gottes aufgefasst wird. Es ist deshalb unnötig, mit Bick., Gunk. gegen die Versionen statt ירדף (verfolgen) יהרף (verstossen) zu emendieren.

V. 9. 10 begegnen einem Bedenken Israels, dass die Not, deren Wendung V. 3—8 als sicher bevorstehend oder als eben eingetreten geschildert wird, noch einmal sich erheben könne: der Feind wird für immer vernichtet.

Die V. 9. 10 enthalten im Urgedicht den Lamed- und Mem-Vers. Die erste Lamed-Verszeile ist natürlich ... תקום לא 9 c und die zweite der darauf folgende Satz 10 a. b, wobei drei Wörter als Varianten zu streichen sind und אכלו zu 10 a. b als Prädikat zu ziehen ist; nicht aber ist 9 b als zweite Lamed-Zeile zu betrachten (Bick., Gunk., Now.), denn es darf ohne Not keine Änderung der ursprünglichen Ordnung angenommen werden. Die erste Mem-Zeile ist offensichtlich 9 a ... מה und als zweite bleibt nur 10 c übrig, worin יבשׁו zu emendieren ist. Im Urgedicht kann die Frage 9 a nur an den Feind gerichtet sein (Bick., Gunk., Now.) und so verstehen die meisten Erklärer die Frage auch in der Überarbeitung. Wäre in der ursprünglichen Ordnung Israel angeredet, so müsste man erwarten, dass entweder in der Frage die Angeredeten bestimmt genannt seien oder dass in dem folgenden Satz das von dem in der vorausgehenden Zeile nach dieser Annahme verschiedene Subjekt deutlich angegeben sei. Man würde erwarten: was denkt ihr Israeliten? euere Feinde u. s. f. Darum stand sehr wahrscheinlich ursprünglich 9 a nicht die zweite, sondern die dritte Person: was sinnen sie gegen (על?) den Herrn? vgl. Ps. 2, 1 zum Gedanken Jes. 10, 7; Ez. 38, 10; Hos. 7, 15.

In der Überarbeitung ist die erste Zeile des Mem-Verses verstellt und zwar vor den Lamed-Vers. Das muss absichtlich geschehen sein, denn ein Irrtum wäre gerade durch den Alphabetismus verhindert oder repariert worden[1]. Der Zweck war, eine direkte ermutigende Anrede Israels zu gewinnen, wie auch der Einschub 3 a. b an Israel gerichtet ist. Sinn: was denkt ihr kleinmütig vom Herrn? zweifelt ihr etwa an seiner Macht und Treue (V. 2—8)? Der Kleinmut soll besiegt werden durch dreimalige Verkündigung der den Feind treffenden Vernichtung. Die Anrede ist also an Israel gerichtet (Cyr., Theoph., Rib., Sanct., Strauss, Keil, Wellh.). Wäre sie an den Feind gerichtet, so wäre die

---

1) Damit widerspricht nicht meine Annahme, dass der Anfang des Kaph-Verses gleichfalls durch Irrtum an eine unrichtige Stelle gekommen sei, denn diese Verstellung kann eben erst in der Überarbeitung (nach Aufgabe der alphabetischen Form) geschehen sein. Übrigens liegt hier ein äusseres Anzeichen für Textkorruption vor.

folgende Ankündigung des Gerichts wohl gleichfalls in die Form der Anrede gekleidet. Dagegen spricht ferner, dass V. 11, wo klar von den Plänen des Feindes die Rede ist, עַל חֹשֵׁב steht, nicht אֶל, obwohl dort der Sinn schon durch רָעָה bestimmt ist. Zwar steht auch Jer. 49, 20; 50, 45; Hos. 7, 15 אֶל חֹשֵׁב von feindlichen Plänen, aber da stehen den Sinn bestimmende Zusätze dabei, während ohne diese עַל gebraucht wird. אֶל חֹשֵׁב für sich allein bedeutet „denken in Bezug auf" wie דִבֶּר אֶל „reden in Bezug auf". — Nicht zweimal u. s. f. kann sich im Urgedicht nur auf den Feind beziehen, weil nur von ihm bis V. 15 die Rede ist. Auch im jetzigen Text ist wegen der Umgebung diese Beziehung vorzuziehen und LXX: οὐκ ἐκδικήσει δὶς [ἐπὶ τὸ αὐτό erklärender Einschub] ἐν θλίψει — Recht zu geben, statt des von ihnen gelesenen בְּצָרָה herzustellen בְּצָרָיו (Gunk., Bick., Now.). Zwar könnte צָרָה das den Feind vernichtende Gericht bedeuten, vgl. die ähnliche Stelle Judith 16, 17: ἐκδικήσει αὐτοὺς ἐν ἡμέρᾳ κρίσεως, allein dies ist immerhin nach V. 7a, wo „Not" die Israel bedrückende ist, bedenklich. Also: nicht zweimal rächt (יָקוּם) er sich am Feinde, weil schon der erste Schlag vernichtend ist. So Chald. (dem Sinne nach: es gibt für den Feind nach der Niederlage keine Erholung, wie es eine solche für Israel gibt), Theod. und die meisten Neueren. Dazu passt gut der Einschub 2 c, der sicher von 9 a entnommen ist. Zum Ausdruck: nicht zweimal — vgl. 2. Sam. 20, 10; 1. Sam. 3, 12. — MT., Vulg., Syr. verstehen unter „Not" die Israels. So wäre unter der zweimaligen Not nicht das zweifache Exil (Israels und Judas) gemeint, so dass die assyrische Unterdrückung Judas ausgeschlossen werden solle (Judaeus bei Hier., Rib., Sanct., Lap., Strauss), sondern der Sinn wäre entweder: nicht übergrosse Not (Sa), vgl. Jer. 16, 18, oder wahrscheinlicher: nicht nochmalige Not (Knab.), vgl. Jes. 54, 9; 2. Macc. 10, 4. Da der Ausdruck: es erhebt sich die Not — sonst nicht vorkommt und etwas schwach ist, so ist er kaum ursprünglich, sondern verdankt wohl seine Entstehung dem bei allen Änderungen am Urgedicht wirksamen Wunsche, eine direkt an Israel gerichtete Verheissung zu gewinnen. Ganz ohne Analogie, wie Now. meint, ist der Ausdruck aber nicht, vgl. Hab. 3, 16: der Tag der Not zieht herauf.

V. **10** führt die V. 9 ausgesprochene Drohung näher aus. — Wellh. verzweifelt an der Erklärung des korrumpierten V. und die gewöhnliche Deutung: mögen sie in Dornen verstrickt und wie ihr (mit ihrem) Trank nass (betrunken) sein ... befriedigt allerdings nicht. Gunk. und Bick. setzen 10a.c als מ-Vers weiter hinab, nachdem sie 9b mit Ergänzung eines Wortes aus 10a (עַד resp. לָעַד für immer und כְּמוֹ am Gerichtstage) zum ל-V. gezogen haben. Dabei bildet G. aus Bestandteilen von 11 b und 12 b „in überaus künstlicher Weise" (Now.) die zweite Hälfte des מ-Verses und streicht 11a als Dublette von 9a, obwohl „kaum vorzustellen ist, wie aus diesem V. unser jetziger Text entstehen konnte" (Now.). S. die Tab. All diese Änderungen sind unnötig. 10a war von Anfang an die zweite ל-Verszeile und blieb an seiner Stelle. — Die Erklärungsversuche zu

10 sind sehr zahlreich; schon die alten Versionen gehen weit auseinander, doch lassen LXX die Entstehung des jetzigen Textes noch ersehen. Zunächst hat Gunkel mit Recht die Wörter וכסבאים und סבואים als sinnlose Varianten entfernt. Der Syr. hat die Wörter schon gelesen, aber noch ohne das vergleichende Kaph: et in ebrietate sua ebrii, dagegen lasen LXX dieselben nicht, denn *καὶ ὡς σμῖλαξ περιπλεκομένη (βρωθήσεται)* kann nicht die Übersetzung davon sein, wie allgemein angenommen wird. Dagegen spricht schon der Sing. *σμῖλαξ* gegenüber dem Plur. des MT., ferner der Umstand, dass LXX nebst Syr. und Chald. אכלו nicht zur letzten Zeile ziehen, wie dies MT. sicher thut. Ich halte *ὡς σμῖλαξ περιπλεκομένη βρωθήσεται* für die Übersetzung von כי עד סבך אכל und dies für die ursprüngliche erste Zeile von V. 10, d. h. die zweite ל-Verszeile, nur muss mit MT., Syr. und wahrscheinlich Chald. der Plur. אכלו gelesen werden, während LXX das Schlusswaw lostrennten und mit *καὶ* übersetzten. Also: sie (die Feinde) werden (vom Feuer des göttlichen Zornes) gefressen Ex. 15, 7; Nah. 1, 2) wie Verstricktes. Unter letzterem verstanden LXX wie Jer. 26 (46), 14 die Schlingpflanze, MT. aber wohl richtiger das Dickicht (Gen. 22, 13; Jes. 9, 17; 10, 34; Jer. 4, 7; Ps. 74, 5), speziell das Dornengestrüpp; denn es soll hier gesagt werden, nicht dass der Feind leicht, sondern dass er wie ein einmal vom Feuer ergriffenes Gestrüpp völlig und auf einmal vernichtet wird (Calm., Knab.), vgl. 9 c. Diese letztere Erklärung סירים kam in den Text, was zur Folge hatte, dass סבך in den Plur. verwandelt wurde. In dieser Phase wurde aus einem hebr. Exemplar, in dem aus סירים durch Umstellung des Buchstabens Jod und durch Verwechslung von ד und ר יסדם geworden war, in LXX der Satz *ἕως θεμελίου αὐτῶν χερσωθήσονται* eingetragen war. Der von c. Al., der griech. Vorlage des Hier. und vielen Ms. bezeugte Plur. *αὐτῶν* und *χερσωθήσονται* (auch Syr. u. Chald. haben die entsprechenden Wörter im Plur.) ist dem von c. Vat. gebotenen Sing. vorzuziehen, weil diese L. A. in ihrer Umgebung schwieriger ist. Der jetzige Sing. ist als eine im Hinblick auf die Sing. der Umgebung erfolgte Korrektur anzusehen. Dem *χερσ.* liegt nicht, wie Schleusner, Reinke, Vollers, Gunk., Now. den MT. emendieren, כסוחים abgeschnitten, ausgerissen — zu Grunde, sondern LXX nehmen סבוכים = verstrickt wie oder mit Dornen, überzogen mit D., d. h. verwüstet. So übersetzt Hier. die L. A. der LXX: quia usque ad fundamenta sua redigentur in vepres. Der Feind wird wohl als ein Gebäude gedacht (s. zu 2, 8), dessen Ruinen mit Dorngestrüpp überwachsen sind. Gegen Bick. Übersetzung (s. die Tab.) bemerkt Now. richtig, dass סבאים nicht „kraftstrotzend" heissen kann und dass der Vergleich der Dornen (die doch selbst ein Bild sind) mit der Stoppel sehr sonderbar wäre. Gegen die Übersetzung von Gunk. und Now. „(wie) ausgerissene Dornen werden sie abgemäht, wie dürres Gras welken sie" (s. die Tab.) spricht nicht nur die dabei erforderliche dreimalige Emendation, sondern auch, dass die Begriffe „ausgerissen" und „abgemäht" nicht zusammenpassen, und ferner, dass nicht das Ab-

schneiden sondern das Verbrennen der Dornen Bild der Vernichtung
ist; Jes. 33, 12 will „abgeschnitten" = „dürr" nur die Schnelligkeit des
Verbrennens aussagen, vgl. Ps. 80, 17. — So liegt in LXX 1, 10 a
eine teilweise Dublette zu 10 b vor und letztere L. A. ist als echt anzusehen nach dem kritischen Grundsatze, dass die freiere der sklavisch
übersetzten und hebräisierenden L. A. vorzuziehen ist. Man vgl. ὡς
σμίλαξ = עד סבך עד — ἕως θεμελίου αὐτῶν = עד יסדם; erstere L. A.
hat עד richtig komparativ wie 1. Chr. 4, 27 genommen. — כסבאם
und סבואים sind spätere Varianten von סבכים, wie schon daraus her-
vorgeht, dass in der ersten sämtliche Stammkonsonanten desselben, in
der zweiten zwei derselben enthalten sind. Syr. und Chald. haben
diese Varianten schon; letzterer: wie sie taumelten im Weine, so machten
sie taumeln, beide geben für סירים 10 a den Begriff „Fürsten" (שרים).
Nachdem אכלו durch die Varianten von „wie Dorngestrüpp" getrennt
war, wurde es zur letzten Zeile gezogen, deren Verb in ein Adjektiv
(יבש) verwandelt ward. Nun wurde קש, das am Ende stand, vor
sein nunmaliges Attribut „dürr" gestellt, während als Prädikat von
10 a סבכים betrachtet wurde. — In LXX 10 c erwartet man ein
Verb und wirklich hat Polygl. Complut. ξηρανθήσεται, wofür wohl
wie oben bei χερσωθήσεται ursprünglich der Plur. stand: יבשו, vgl.
Jes. 40, 24. Die adverbiale Bedeutung von מלא ganz und gar (Hitz.

u. a.) ist zwar am Ende des Satzes etwas auffällig, doch nicht unmöglich; wahrscheinlich aber ist nach Jer. 4, 5 (12, 6) מלאו zu lesen:
(sie vertrocknen) ganz und gar. Auch Syr. las dieses Verb, wenn
auch in anderer Bedeutung: sie füllten sich. Wellh. ändert unnötig
in הלא, womit er V. 11 anfangen lässt. — So ist der V. durch
Streichung von drei Varianten und Ergänzung zweier resp. eines Waw
saniert und die Änderungen von Bick., Gunk., Now. sind unnötig.

כי עד „denn wie" (עד ist wie 1. Chr. 4, 27 komparativ und steht
statt כ, um zwei ganz ähnliche Wörter nacheinander zu vermeiden) ist
überall vertreten, so dass V. 10 wohl nicht der ס-Vers sein kann.
Zwar wäre es möglich, dass der Überarbeiter die Vergleichungspartikel
zugefügt habe, aber das כי beweist, dass 10 a kaum ein Versanfang
ist. Da 10 a sehr gut an seiner Stelle als zweite Lamed-Verszeile
steht, so ist kein Grund, eine Verstellung vorzunehmen.

Gegen die Verstellung von 3 a 2 c. d hinter 9 a als Mem-Vers-
hälfte und Nun-Vers (Bick., Now.) spricht, dass für eine derartige
Umstellung vom angenommenen ursprünglichen Orte kein Grund zu
erkennen ist, dass der Feind von Jahve sicher keine Langmut erwartet
und dass, wenn 9 a der Feind angeredet wäre, die Widerlegung wohl
gleichfalls in Form der Anrede erfolgt wäre.

Zusammenfassung von 1, 2—10.

Voraussetzung des 1. Kap. (auch im Urgedicht) ist das Schalten
des Feindes in Israel. Verheissen wird das rächende Einschreiten
Gottes. Das Gericht wird ganz allgemein beschrieben und nur gesagt,
dass der Feind in Israel selbst völlig vernichtet wird (4). Erst V. 9

wendet sich der Prophet mit einer vorwurfsvollen Frage an Israel, ob es etwa nochmaliges Aufkommen des Feindes befürchte. Daraus ist zu schliessen, dass der überarbeitete Ausspruch nach einem Siege Israels vorgetragen wurde und beabsichtigte, in dem Volke Vertrauen zu wecken, die Weissagung in der Überarbeitung diente gleichsam als Siegeslied. Dem steht nicht entgegen, dass darin mehrfach das Imperfekt sich findet, denn der Ausspruch besteht aus allgemeinen, immer giltigen Sätzen. Vgl. die zweite Strophe des Siegesliedes der Judith (16, 13—17), wo ganz ebenso als Dauklied fast dieselben allgemeinen Gedanken im Imperf. auftreten. — Der Ausspruch versetzt uns in eine Situation wie 2. Macc. 10, 4.

## II. Ausspruch 1, 11—15 (2, 1).

1, 11 kann nicht (nach Rib., Sanct., Strauss) Schluss der vorausgehenden Schilderung sein: aus dir (Israel) muss der Feind abziehen — ein solcher Schluss wäre nach 1, 10 sehr schwach. Dass 1, 11 und 12 a nicht zum ursprünglichen, alphabetischen Gedichte gehören können, siehe oben. Gunk., Bick., Now. streichen diese drei Zeilen, ersterer nimmt 11 a als Dublette von 9 a, was Now. mit Recht für mehr als fraglich erklärt, und bildet aus Trümmern von 11 b und 12 b einen eigenen Vers hinter 9 a. Ist das Vorgehen Gunkels sehr gewaltsam, so ist andererseits gegen Bick. und Now. zu sagen, dass es unbegreiflich wäre, wie die drei Zeilen in den Text gekommen sein sollen. Zudem bieten sie alle Versionen. Klar ist aber auch, dass 1, 11—15 nicht Fortsetzung des vorausgehenden V. sein kann. Insofern hat M. Löhr (s. oben) Recht, wenn er mit 1, 12 das Orakel Nahums beginnen lässt und das unmittelbar Vorausgehende als Einleitung bezeichnet (L. betrachtet als solche die V. 9—11, ich V. 11. 12 a). Mit Recht sagt Now., dass מִמֵּךְ (suff. fem.) im Zusammenhang beziehungslos ist, da weder Juda noch Nineve bisher genannt ist. Anders wird die Sache mit der Annahme, dass mit 1, 11 ein neuer Ausspruch beginnt. In der Mitte einer Rede ist der Übergang von der Schilderung zur Anrede (V. 11), die nunmehr beibehalten wird, auffallend, nicht aber die Anrede am Anfange der Rede. Die Angeredete, aus der der Feind hervorgegangen ist, ist die feindliche Stadt. Es ist aber möglich, dass schon der Verfasser von 1, 11 in der Überschrift vor 1, 2—10: Last über Nineve — selber beigesetzt oder vorgefunden hat. S. unter Urgedicht.

Einleitung[1]).
11. Von dir ging aus, der Schlimmes plant wider den Herrn,
   er, der Bosheit sinnt.
12. Also spricht der Herr,
   *der da gebeut den grossen Wassern*.

---

[1]) Man könnte auch die Einleitung schliessen mit „Also spricht der Herr, der Gebieter“ und weiterfahren: (wie) die grossen Wasser werden gespalten u. s. f. Dann hätten wir in der Einl. eine alleinstehende Zeile und עֹבְרִים in der nächsten Zeile wäre als überfüllend mit LXX vielleicht zu streichen.

Der Verfasser gibt V. 11 eine kurze Charakteristik des Feindes, die auf V. 9 a und 15 des Urgedichtes hinweist und seine Schuld angibt. Die inmitten zwischen Strafandrohung hineingestreute Schuldangabe, die sichtlich auf etwas Bekanntes hinweist, und die Ankündigung eines Gotteswortes beweist, dass 1, 11 nicht Fortsetzung sein kann. — יָצָא ist „er ist ausgegangen" zu übersetzen, nicht das Futur der Versionen, denn alle drei Kapitel Nahums setzen die feindliche Unterdrückung voraus. V. 11 erwähnt die vorausgegangene Schuld, V. 12—13 verkünden das kommende Gericht. Dass חשב hier eine andere Bedeutung als V. 9 hat, zeigt schon עַל gegen אַל. Da auf etwas Bekanntes hingewiesen wird: jener bekannte Bösewicht —, so wird auch an der zitierten Stelle (1, 9) ursprünglich עַל gestanden sein. Zum Ausdruck vgl. Jes. 10, 7; Ez. 38, 10; Dan. 11, 24; Ps. 33, 10; 41, 8. — יָעַץ = חשב Jer. 50, 45; Ez. 11, 2; בליעל = רעה Ps. 41, 8. 9. Das Sinnen des Feindes erklärt Judith 3, 8 (ut ipse solus diceretur deus); 16, 4 (Unterjochung des Volkes Gottes); Dan. 11, 36 (Erhebung gegen Gott). Vgl. 2. Macc. 9, 28: βλάσφημος. 12 a ist Zitationsformel und will an einen bekannten Ausspruch erinnern. 12 b ist der Text in Unordnung und nach LXX herzustellen: κατάρχων ὑδάτων πολλῶν = (ה)מִשֵׁל מִים רבים[1])., vgl. Syr.: de capitibus aquarum multarum. Zum Ausdruck: Gebieter der Wasser — vgl. 2. Chr. 20, 6; Ps. 105, 20. 21 und bes. Ps. 89, 10, wo dieselben Worte gebraucht sind und Gott dem Meere, dem Sinnbild der Völker, gebietet. Der jetzige Text zieht einen Teil vom Nun-Verse des Urgedichtes zur Einleitung, s. die Tab.

Drohung wider den Feind 1, 12 c — 13.

12. (Wie?) sie (die Wasser) gespalten* werden und dahinschwinden,
  (so?) demütige ich dich, dass ich dich nicht noch einmal zu demütigen brauche.

13. Und nun will ich deinen Stab [.] zerbrechen
  und will deine Ketten zerreissen.

V. 12 enthält sicher den Nun-Vers des Urgedichts (Gunk., der aber keine Rekonstruktion versucht). Die Vernichtung des Feindes wird geschildert wie vorher im Bilde des verbrannten Gestrüppes und der vertrockneten Stoppeln, so jetzt im Bilde der gespaltenen Fluten, vgl. Hab. 3, 9; Zach. 10, 10 u. ö. Vorbild ist die Spaltung des roten Meeres.

א in אם ist entweder Verwechslung für den Artikel oder das Wort ist späterer Erklärungsversuch; נגזו sie werden geschoren — ist unbrauchbar und nach LXX διασταλήσονται in נגזרו zu verbessern, Ps. 136, 13. Ähnlich Syr.: sie rissen hinweg, ab, d. h. sie trennten, spalteten sich. Voll. nimmt נגר zerfliessen, N. sich ausdehnen — als Vorlage der LXX an. עברו (so ist mit Hinzunahme des folgenden ו zu lesen): so dass sie dahinschwinden Hab. 3, 10 — ist bei LXX

---

[1]) So emendiert auch Bick., aber in anderer Bedeutung, s. die Tab.

verloren gegangen, findet sich aber beim Syr. Es ist wohl Zusatz des
Überarbeiters, um die Zeile zu füllen, nachdem ein Teil des Nun-
Verses zur Einleitung V. 11 gezogen war. Doch s. Anm. S. 60. MT.
hat zweimal וכן; das erste ist sicher an seinem Platze mit Syr., LXX
(und Chald.?) zu streichen und man könnte es an den Anfang der
letzten Zeile (12 d) setzen (so will ich dich u. s. f.), nachdem man das
Nun des zweiten כן als Dittographie gestrichen hat (wie — so). Allein
da Syr. כן gar nicht zum Ausdruck bringt und offenbar Korruption
vorliegt, so streicht man am besten beide וכן. Ein Leser setzte erklärend an dem Anfange der letzten Zeile וכן, das an falsche Stelle
geriet, zuerst vor רבים, von wo es in der Vorlage der LXX hinter
dieses Wort versetzt wurde, während es in MT. auch am ersteren Orte
stehen blieb. So erklärt sich das auffallende, anfangende ו. — 12 d
besagt dasselbe wie 9 c: die Vernichtung des Feindes, denn es muss
derselbe angeredet sein wie 11 a, wie auch die Punktation annimmt.
Derselben Meinung sind LXX: ἡ ἀκονή σου οὐκ ἐνακουσθήσεται ἔτι
(vgl. 2, 14 [MT.]; Sap. 4, 19), die ענה nach aram. Bedeutung = sprechen
— zu nehmen scheinen. Die meisten Erklärer beziehen die Anrede
12 d auf Israel, nur Abarb., Ew., Hitz., Bick., Now. auf den
Feind. Allein es ist unmöglich, wie allgemein angenommen wird, dass
V. 11, 12 a. b. c der Feind angeredet wird, 12 d. 13 Israel und V. 14
wieder der Feind. Ein solcher Wechsel ist im Texte durch nichts begründet und widerspricht der Vokalisation, die nicht ohne weiteres
geändert werden darf. Andererseits können aber die Anreden 1, 11—14
nicht auf dieselbe Person, d. h. auf den Feind, gehen. „Gott“ in
„Haus deines Gottes“ V. 14 kann nur Israels Gott sein, s. unten. In
Übereinstimmung mit der Vokalisation hat man V. 11. 12 auf den
Feind, 13. 14 auf Israel zu beziehen. Der Wendepunkt ist ועליך
V. 13 „aber über dich“, das wohl nur mit Rücksicht auf die Vorlage
des Urgedichts, in welchem das erste Wort mit Zade beginnen musste,
nicht an den Anfang gestellt wurde. Dass alle Änderungen beherrschende
Streben, direkt an Israel gerichtete Verheissungen zu erhalten, hat
später dazu geführt, eine solche schon in V. 13 zu erblicken. Die
Spuren dieser Änderung sind noch bemerklich, denn „sein (des Feindes)
Joch (Rute) auf dir (Israel)“ kann ursprünglich nicht als paralleles
Glied zu „deine (Israels) Ketten“ gestanden sein, ebensowenig wie
dieselbe Zusammenstellung Jer. 30, 8[1]). Auch stört schon das männliche
Suff. in מטהו, nachdem bisher vom Feind im Femin. gesprochen wurde.
Im Urgedicht war vom Joch (Rute?), das der Feind auferlegt, die Rede.
In diesem Sinne steht der Ausdruck Jer. 28, 2. 11; Jes. 10, 27 u. ö.
Doch kann „dein Joch“ auch „das dir auferlegte Joch bedeuten, Jes.
9, 3. Als der Satz im letzteren Sinn genommen wurde, änderte man

---

[1]) Auch Jer. 30, 8 wurde das ursprüngliche „ich will das Joch von ihrem
Halse (das von Israel getragene Joch) zerbrechen und ihre Fesseln zerreissen“ (LXX)
geändert in: sein (des Feindes) Joch von deinem Halse. Hier wie Nah. 1, 13 wirkte
der Wunsch, die Weissagung möglichst bestimmt zu gestalten und eine Anrede zu
erhalten. — O. Strauss übersetzt V. 13 b ohne Begründung „seine Ketten“, obwohl MT., LXX A, S und die anderen Versionen die zweite Person bieten.

nach Jes. 9, 3; Jer. 30, 8 das Suff. und fügte hinzu: von dir (Gunk.),
d. h. von deinem Halse, Jer. 30, 8, oder deinem Rücken, Jes. 9, 4.
מַשְׁהוּ ist entweder Schreibfehler für מוֹשֵׁל (sein Joch) oder besser, es
ist mit Dagesch im ט zu schreiben: sein Stab (so die Versionen, Now.).

Verheissung an Israel V. 14. 15 (2, 1).

14. Und über dich hat also der Herr bestimmt:
Nimmer soll Zerstreuung treffen deinen Namen.
Aus deines Gottes Hause vertilg' ich Schnitzbild und Gussbild,
bereiten will ich dein Grab, denn du wurdest entehrt.

15. Sieh, auf den Bergen stehet der Bote,
des Friedens Verkünder!
Feiere, Juda, deine Feste,
erfülle deine Gelübde!
Denn nimmer wird in dir schalten Belial,
*dahin ist er*, vernichtet.

V. 14. Der Wechsel der Anrede ergibt sich aus dem Inhalte,
wie die Änderung der Beziehung V. 3 gegen V. 2. Im Hebr. ist
der Wechsel durch die wechselnden Suffixe (von jetzt an gen. masc.)
angedeutet. — „Über dich, in einem Betreffe" soll vielleicht durch
ὑπέρ σου (c. al., vat.) im Sinne von „zu Gunsten" erklärt werden.
זרע bedeutet hier im Zusammenhang wie Zach. 10, 9, vgl. Hos. 1, 4:
„ausstreuen, zerstreuen" (Cyr.); ev. wäre die aus denselben Gründen
wie V. 13 erfolgte Abänderung eines ursprünglichen זרה anzunehmen.
Die Zerstreuung in das Exil bezeichnet den höchsten Grad der feindlichen Unterdrückung. Hier wird verheissen, um was 2. Macc. 10, 4
gebetet wird. „Von deinem Namen", d. h. solche, die deines Namens
sind. Name steht für Samen, Geschlecht, vgl. Jes. 66, 22 (gegen
Now.). Dem Hebräer ist der „Name" nicht der ideale Nachruf, sondern
das Fortleben in den nach dem Vorfahren benannten Nachkommen,
Sir. 44, 9—14; Ps. 21, 11. Deshalb sagt Jes. 14, 20 bezüglich des
Endloses der Gottlosen, dass ihres Samens nicht mehr gedacht wird,
während nach Sap. 4, 19 ihr Andenken (Name) zu Grunde geht, vgl.
Coh. 6, 4; Jes. 26, 14.

Im Urgedichte stand entweder derselbe Text in der Bedeutung:
„von deinem Namen wird kein Same mehr hervorgebracht werden",
d. h. du wirst völlig vernichtet (so gewöhnlich), wozu gegensätzlich
Jes. 53, 10; 66, 22 zu vergleichen ist, oder man emendiert nach dem
Chald.: יִזָּכֵר כ nicht mehr wird deines Namens gedacht, vgl. Jes.
14, 20; 26, 14; Hos. 2, 19; Zach. 13, 2; Sap. 4, 9 (Gunk., Bick.,
Now.).

„Aus dem Hause deines Gottes". Unter בית אלהיך wird allgemein der Tempel der Götzen verstanden. Allein so wäre der Plur.
„aus den Häusern" zu erwarten wie Jer. 43, 12. 13 b. In Jer. 43, 13 a;
Jes. 37, 38; 44, 13; Jud. 9, 27; 17, 5; 1. Sam. 5, 25; 2 reg. 10, 23,
auf welche Stellen sich Strauss beruft, ist immer von dem bestimmten
Tempel eines einzelnen bestimmten Gottes die Rede, hier aber wird kein

bestimmter Gott genannt. בית אלהיך so allgemein kann nur das Haus des wahren Gottes sein; so Complut.: οἶκον Κυρίου τοῦ θεοῦ σου. Damit stimmt überein, dass an den ähnlichen Stellen Mich. 5, 9 ff.; Zach. 13, 2; Hos. 2, 19 von der Vertilgung der Götzen aus Israel gesprochen wird; dafür spricht ferner der von Bick. und Now. bemerkte Umstand, dass „aus dem Hause deines Gottes" im Urgedicht nicht gestanden sein kann, weil dadurch eine Überfüllung der beiden letzten Zeilen gegeben wäre. Die Worte sind ein erklärender Zusatz, der nur dann nicht überflüssig, ja störend ist, wenn er sich an Israel richtet. Zu bemerken ist, dass mit keinem Worte wie etwa Hos. 2, 19 angedeutet ist, dass Israel Götzendienst getrieben habe; es wird einfach die Vernichtung des Götzenwesens verheissen, das sich im Hause des Herrn mit Gewalt festgesetzt hatte, vgl. 1. Macc. 1, 49. 50; 6, 7. Die Erfüllung könnte 2. Macc. 10, 1 ff. beschreiben. Hätte Israel den Götzen angehangen, so wäre eine Andeutung seiner Bekehrung etwa nach Jes. 1, 29 unerlässlich. Zur Auffassung, dass 1, 14 die Vernichtung des Juda unterdrückenden Heidentums verheissen wird, passt, dass 2, 1 der Nichtsnutz nicht mehr durchs Land zieht. — „Haus des Herrn" ist das ganze Land, Hos. 8, 1; 9, 15; Jer. 12, 7; Zach. 9, 8, im besonderen Sinne der Tempel. „Haus deines Gottes" steht feierlich begründend: fürchte nicht, aus deinem Lande vertrieben zu werden, es ist das Haus deines Gottes, der es sicher dem Fremden (Hab. 1, 6) wieder entreisst. — Da „aus dem Hause deines Gottes" nicht ursprünglich ist, so muss „Schnitzbild und Gussbild" zu derselben (vorletzten) Zeile gehören. Dafür spricht ferner, dass beide Wörter Deut. 27, 15, Jud. 17, 4 u. ö. wie zu einem Ausdrucke zusammengestellt sind (Chald., wahrscheinlich LXX, Syr., Vulg., Lap., Ewald, Strauss, Knab., Bick., Gunk., Now.). Andere, wie Hier., Theod., Theod. M., Haymo, ziehen beide Wörter zur letzten Zeile und ergänzen in der vorletzten „dich", also: aus ... will ich dich vernichten, die Bilder mache ich zu deinem Grabe. Allein erstens ist die Ergänzung des Objektes willkürlich, zweitens stört, dass der Feind aus (statt in) dem Tempel (warum übrigens gerade im Tempel?) vernichtet werden soll, drittens gibt so die letzte Zeile keinen ungezwungenen Sinn: die Bildsäulen können nicht ein Grab genannt werden. Jedenfalls müssen die Götzenbilder mit dem Tempel verbunden werden. Der dritte Grund spricht auch gegen Kleinert, der „und Gussbild" zum folgenden zieht[1]), ebenso wie gegen Ew., Strauss, die im zweiten Gliede ergänzen: ich mache (sie, d. h. die Bilder) zu deinem Grabe. Ähnlich schon Chald. und Syr. Man erinnert gewöhnlich an Jes. 37, 38 (Tod Senacheribs im Tempel) — aus Verlegenheit, um unter den Worten etwas denken zu können. Der Tempel, in dem jemand den Tod findet, könnte vielleicht noch „Grab" genannt werden, nicht aber die Bilder; ferner ist hier nicht von einer einzelnen Person, sondern vom Feinde als Ganzem die Rede.

---

[1]) Auch ich habe das früher (Psalm Nahum S. 32) gethan, aber nach einer Emendation, bei der die obigen Gegengründe gegenstandslos werden.

Der Hauptfehler ist natürlich die falsche Beziehung von V. 14 auf den Feind.

Nach dem Zusammenhang muss „ich bereite dein Grab" eine an Israel gerichtete Verheissung enthalten. Das klingt uns seltsam, allein nicht dem Hebräer, dem die Erlangung eines Grabes ein hoher Wunsch war. Die im Gerichte des Herrn Erschlagenen (Jer. 25, 33) liegen ohne Grab, sie werden zu Mist, Jer. 7, 33; 8, 2; 16, 4; 25, 32; Jes. 66, 24. — Jes. 14, 18. 19 ist der Gegensatz, dass alle Könige der Erde in Ehren liegen, jeder in seinem Hause, während der König von Babel verworfen ist von seinem Grabe, ein unreines stinkendes Aas. Nicht der Tod ist dem Hebräer das Furchtbarste, sondern das Liegen der Leiche ohne Grab, 2 Macc. 5, 10; 9, 15; Apoc. 11, 9. Deshalb sucht der Feind sich auch der Leichen seiner Opfer zu bemächtigen z. B. Tob. 1, 18: Daniel wird den Löwen vorgeworfen, „damit er keines Grabes teilhaftig werde". Dem Gefallenen das Grab verweigern, heisst demnach: ihn ganz vernichten —, ihn begraben bedeutet, ihn der Gewalt des Feindes entreissen; ersteres besagt völliges Unterliegen, letzteres zeitweiliges Unterliegen, dem die Rettung folgt. Deshalb bedeuten die ewig unbegraben daliegenden Leichen Jes. 14, 19; 66, 24 die ewig und entgültig im Gerichte Unterlegenen. Grab und Auferstehung (Rettung) gehören zusammen, ersteres ist die Voraussetzung der letzteren. Dan. 12, 2. 13. Ez. 37, 13 ist unter Begräbnis die Ruhe vor dem Feinde, unter Auferstehung die Wiederherstellung Israels verstanden [1]). Vgl. das Grab und die Auferstehung Christi. V. 14 Schluss sagt demnach: Israel ist vom Feinde getötet (Bild schwerer Bedrängnis), aber der Herr wird seine Leichen dem Feinde entreissen und ihnen ein Begräbnis verschaffen. Dass der Tod Bild des Unterliegens ist, beweisen Jes. 66, 24; Jes. 14; 27, 7; Ez. 37, Apoc. 11, 9. Die unbegraben daliegenden Leichen sind für den Tötenden das Zeichen des Sieges, deshalb hat der Ausdruck z. B. Jer. 14, 16: der Herr erschlägt seine Feinde und niemand begräbt sie — denselben Sinn wie: niemand entreisst sie seinen Händen. Demnach ist Nah. 1, 14 der Sinn wie Tob. 1, 18: der Feind darf seine Opfer nicht behalten. Das Grab ist auch sonst der Ort der Ruhe: Job. 3, 22; 5, 36. Job. meint sicher nicht einfach das Aufhören des irdischen Lebens, sondern die Ruhe im Jenseits, vgl. Sir. 44, 14. Klar ist diese Bedeutung Jes. 14, 18—20: das Grab ist der Ruheort, nachdem das Gericht vorüber ist. Der König von Babel hat zwar ein Grab in der tiefsten Grube, aber er hat nicht sein Grab, während die anderen in ihrem Hause in Ehren liegen. Auch damit berührt sich Nah. 1, 14: dein Grab, d. h. wohl: das wahre Grab, in dem wir Ruhe finden. Eine interessante Bestätigung der Bedeutung: begraben = aus Feindes Gewalt erretten — gibt

---

[1]) Es ist bedenklich einen Widerspruch zwischen Ez. 37, 2 und 37, 13 „hinzunehmen" (Kraetzschmar, Handk. z. A. T. von Nowack III, 3). Wenn V. 2 die Gebeine unbeerdigt liegen und V. 13 das Volk aus den Gräbern erweckt wird, so beweist das, dass „begraben" und „auferwecken" dasselbe bedeuten, oder vielmehr, dass letzteres das erstere voraussetzt. Das Volk aus dem Grab erwecken, bedeutet: seine Leichen dem Feinde entreissen (begraben) und wiederbeleben.

Hebraeus Fagii, der Tob. 6, 8: αὐτὴν σώσεις (Sara aus der Gewalt
des bösen Geistes) mit „du wirst sie begraben" übersetzt. Dass das
nicht ein zufälliger Irrtum ist, beweist desselben Übersetzung von Tob.
1, 17: τεϑνηκότας mit „Ausgestossene aus Israel", woraus sich ergibt,
dass weder der Tod noch das Begräbnis im vulgären Sinne verstanden
werden[1]). — Mit כִּי קַלּוֹתָ will eine Begründung des Vorausgehenden
gegeben werden. Nicht wird gewöhnlich beachtet, dass dieses Verb
nach den vorausgehenden Imperfecta plötzlich als Perf. erscheint, somit
etwas Vergangenes oder Fortdauerndes ausdrückt. Die gewöhnliche
Bedeutung „du bist gering, verachtet, man hat dich verächtlich behandelt" passt sehr gut. Sinn: ich werde dir Ruhe verschaffen, denn
(bisher) hat man dich schmählich behandelt. Die Misshandlung des
Volkes veranlasst das Einschreiten des Herrn. Derselbe Zusammenhang Zach. 9, 8 (Gott schreitet ein, denn er hat das Hausen der
Feinde gesehen). Unehre, Schmach steht auch Jes. 14, 18. 19 gegensätzlich zum Begräbnisse. Der Herr macht der Schmach ein Ende,
d. h. er begräbt die Geschmähten. Sinn wie Jes. 14, 3 (Ruhe von der
Mühsal) und Hab. 3, 16 (Ruhe vor dem Feinde). Auch LXX (ταχεῖς)
lasen קלוה, aber ohne Vokal unter dem letzten Konsonanten, und zogen
es als Adj. zu dem folgenden רגלי. Richtig erklärt die Lesart ed. V.:
ὑβρίσϑης du wurdest schmählich behandelt, was nur von Israel gesagt
sein kann. ὑβρίζειν ist die Handlungsweise des Feindes, Jer. 48, 29;
2. Macc. 14, 42. Ms. 22. 36. 51. 238: ὅτι ἠτιμώϑης. Die L. A.
des Syr.: schnell, und der Chald: leicht — scheinen schon durch
die Beziehung des V. 14 auf den Feind beeinflusst zu sein. Allein
bei dieser auch heute ausschliesslich herrschenden Annahme ist der
Vers unerklärbar. Die „Bilder", wenn sie fälschlich zur letzten Zeile
gezogen werden, können nicht Grab genannt werden, abgesehen, dass
die herkömmliche Erklärung (von Senacherib) eine viel zu spezielle
Weissagung voraussetzt. „Das Grab machen, begraben" für sich allein
aber bedeutet nie: den Untergang bereiten, sondern nur in der Verbindung mit dem Ort des Grabes, z. B. Ez. 32, 23; 39, 11—16; Jer.
7, 32. Endlich: was soll bei der Beziehung auf den Feind durch כִּי
קליה begründet werden? Nach Strauss, Knab.: du kannst dich
nicht wehren, du bist zu schwach, zu leicht [Luft!]. Das wäre ein
schwacher Schluss der Drohung! Nach anderen: du wirst verachtet.
Allein es stört das Perfekt und, wie Hitz. bemerkt, die Verachtung
begründet nicht das Begräbnis.

Im Urgedicht enthielt die 2. Hälfte von V. 14 den ק-Vers.
Am besten wird herzustellen sein: ihr Grab mache ich zum Gegenstand
der Schmach (בְּקִלּוֹן, dieselbe Konstruktion mit שׂוּם und כ s. 3, 6), d. h.
sie werden kein Grab in Ehren haben, Jes. 14, 19. 20, sondern un-

---

[1]) Vgl. A. v. Scholz, Komment. z. B. Tobias, Würzb. 1889 zu 1,17 S. 30.
— Nach obigem ist die von mir (Psalm Nahum S. 32) vorgeschlagene Emendation
מִקִּרְבֵּךְ für קברך und אַשְׁמִיד für אָשִׂים (also: und das Gussbild vertilg ich
aus deiner Mitte) nach Mich. 5 12—13 unnötig, weil „Grab verschaffen" einen guten
Sinn gibt.

begraben verwesen. Auch Jer. 7, 32. 33 wird von „begraben“ gesprochen, obwohl die Leichen den Tieren zum Frasse vorgeworfen
werden, ebenso Ez. 39, 3. 11—16. Das ist eben das Grab der Schande,
Jes. 66, 24. Ähnlich N o w.: קִיקָיוֹן (Hab. 2, 16) „zum Gegenstand der
Schmach". . B i c k. (s. die Tab.): deine Grüfte mache ich zu Misthaufen (קִיקָלוֹת, diese Bedeutung kommt nur im Aram. vor!); er denkt
an Höhlen, die gottesdienstlichen Zwecken dienen. Aber wie sollen
diese, ihre Existenz angenommen, zu Misthaufen werden? Eher könnte
man übersetzen: deine Gräber mache ich zu Misthaufen, und an Stellen
wie Jer. 8, 2; 16, 4 denken, wonach die Leichname zu Mist werden
sollen. Obige Auffassung des ursprünglichen ק-Verses wird durch
Jes. 14, 20 empfohlen, wo als Strafe des Bösen bezeichnet wird, dass
man seines Samens nicht mehr gedenkt (s. oben V. 13), d. h. dass er
keine Nachkommenschaft hat und dass er kein Grab erhält. — Der
Überarbeiter hat demnach sehr geschickt mit ganz geringen Änderungen den Vers, ihn auf Israel beziehend, in das Gegenteil seines
ursprünglichen Sinnes verwandelt. Dafür, dass ein anderer Sinn vom
Überarbeiter beabsichtigt ist, spricht vor allem die Umstellung der
beiden ק-Verszeilen, die nicht auf Zufall und Textverderbnis beruhen
kann, sowenig als die Umstellung beim צ-Vers (gegen B i c k., G u n k.,
N o w.). Wenn der Feind angeredet ist, wie im Urtext, so steht „Schnitzbild und Gussbild will ich vernichten" sehr gut am Ende, denn damit
wird zugleich erklärend der Spruch gegen die Heidenmacht kräftig, im
Gefühle der Siegesgewissheit über die leblosen Bilder, diese Scheinwesen
(Hab. 2, 19), abgeschlossen. Wenn aber der Spruch sich an Israel
wendet und er die Verheissung enthält, der Schmach Israels ein Ende
zu machen, und wenn diese Schmach als Anlass des göttlichen Einschreitens genannt wird, dann ergibt sich von selbst, die Begründung
an den Schluss zu setzen, unmittelbar vor V. 15, der die Erfüllung
der eben gegebenen Verheissung schon als gegenwärtig schildert. Viel
schwächer wäre der Spruch in folgender Reihenfolge: ich schaffe (dir)
dein Grab, denn man hat dich verächtlich behandelt, die Götzen ver-
nichte ich u. s. f. Siehe auf den Bergen u. s. f. Die Umstellung der
Zeilen ist wie beim צ-Verse das Anzeichen der veränderten Beziehung.

V. 15 (2, 1) versetzt anschaulich in die Zeit der Rettung: die
Boten verkünden von den Bergen, d. h. von weitem, den Untergang
des Feindes. Die Situation ist wie Jes. 40, 9; 52, 1. 7, woher auch
die Ausdrücke genommen sind. Ähnlich Judith 13, 11 (J. ruft den
Wächtern Jerusalems von weitem die Siegeskunde zu). Das folgende
ist der Inhalt der Botschaft. Es ist nicht zunächst an Siegesfeste und
Dankopfer für den Sieg zu denken, sondern der Ausdruck „d e i n e
Feste" legt nahe, dass die regelmässige Festfeier, der gewöhnliche
Gottesdienst gemeint ist. Der Sinn ist nach Jes. 52, 1; Joel 4, 17:
Jerusalem wird wieder „heilig" sein, d. h. seinen Gottesdienst feiern
können, der bisher durch die Fremden verhindert war. Letzteres galt
als grosses Unglück, vgl. 1. Macc. 3, 49 ff.; 2. Macc. 6, 6. Die Friedens-
kunde hat also nicht direkt den Untergang des Feindes zum Inhalt,
sondern die Aufforderung, den Gottesdienst herzustellen, der Untergang

des Feindes ist die Voraussetzung. Selbstredend sind auch Siegesdank-opfer nicht ausgeschlossen, worauf vielleicht „deine Gelübde" hinweist, vgl. Judith 16, 18. 19. V. 14 setzt demnach voraus, dass der Feind eben noch im Lande und in der hl. Stadt herrscht oder wenigstens vor kurzem dort geherrscht hat. — Gunk. setzt für בך לעבור — העבר bך nach Jer. 30, 8 u. ö. Unnötig, עבר ב heisst Joel 4, 17: unge-hindert in einer Stadt, einem Land einherziehen, schalten, vgl. Jes. 52, 1; Zach. 9, 8; Judith 2, 24. בליעל konkret, nach Jes. 44, 9. 10 zu erklären: der ohnmächtige Götze und seine Diener. Mit LXX liest man besser כָּלָה. — Wegen des Parallelismus ist nach Jes. 40, 9 mit Gunk. anzunehmen, dass im Urgedicht nach שלמי das Wort Jerusalem ausgefallen ist, was nach voraufgehendem Jod leicht möglich ist, besonders wenn für J. eine Abkürzung gebraucht war.

So schliesst das Gedicht schön und kräftig zugleich ab mit der Verheissung, dass Israel bald frei vom Feinde ungestört seinem Gott dienen könne. Unrichtig ist Wellhausens Behauptung, dass 2, 3 nicht in den jetzigen Zusammenhang passe und hinter 1, 15 (2, 1) als Abschluss zu stellen sei. Damit wäre der kraftvolle Schluss zerstört, s. oben. Es hat diese Behauptung dazu geführt, in 2, 3 den ש- und ה-Vers zu sehen, obwohl doch in שלמי der Anfang des ש-Verses vor Augen liegt. Am willkürlichsten verfährt Bickell, der aus dem an-gegebenen Grunde und weil er keine Anrede an Israel zulassen will, von den 6 Zeilen des V. 15 volle 4 streicht und auch die übrigen verändert; dazu muss er in 2, 3 emendieren und ein Wort ergänzen, s. die Tab. Gunkel sieht dagegen zwar in richtigem ästhetischen Gefühl den ursprünglichen Schluss in 1, 15, hält aber 2, 3 für späteren Zusatz, der den Namen des Verfassers (שבי) enthalte. Now. hält wiederum 2, 3 für den Inhalt der Freudenbotschaft und bezeichnet „erfülle deine Gelübde u. s. f." als Interpolation, obwohl er zugeben muss, dass damit der ש-Vers „leicht und ansprechend" zu bilden wäre. Auch das Metrum von 2, 3 unterscheidet sich nur dann von seiner Umgebung, wenn man vorher künstlich ändert, s. unt.

Das Urgedicht ist V. 15 wenig geändert. הנה, das am Anfang der zweiten Zeile stand, weil die erste mit ר beginnen musste, wurde, als der Zwang des Alphabetismus wegfiel, naturgemäss an die Spitze gestellt; ebenso ist es zu erklären, dass das allgemeinere: „feiere deine Feste" durch den Überarbeiter an den Anfang des ש-Verses kam[1] und dass im ה-Verse, der mit כי תחת: darum weil, Prov. 1, 29 — eingeleitet war, dessen erstes, entbehrliches Wort wegfiel.

## Kritisches Ergebnis.

Korruption des MT. liegt vor:

1. Zu streichen im MT.: 2b das zweite „ein Rächer ist der Herr" als Dittographie nach c. vat., al, sin.; 5d Waw beim

---

[1] Man beachte das ursprüngliche Wortspiel שלום שלמי. Der Überarbeiter hatte keinen poetischen Sinn oder es war ihm um dergleichen nicht zu thun.

ersten Worte; 10 a סירים als Glosse; 10 b "כס und "סב als
Varianten; 12 streicht man entweder nach Syr. beide וכן oder
versetzt das erstere an den Anfang von 12 d und streicht das
Nun des zweiten; 13 a tilge „von deinem Halse".

2. **Zu ergänzen** im MT ist 7 a לעוי בו, wahrscheinlich 7 c „der
Herr", ferner 10 c zwei Waw.

3. **Änderungen** des MT. sind nötig: 5 c wohl תנשא nach LXX;
8 a בקמיו nach LXX; dieses Wort ist mit 9 b, der hinter 8 a
zu stellen ist, zu einer Zeile zu verbinden; 9 c ist wohl besser
nach LXX zu emendieren; 10 a ist ziemlich nach LXX 10 b
zu lesen: wie ein Gestrüppe (סבך Sing.) werden sie verzehrt
(LXX Sing.); LXX 10 a ist spätere Übersetzung des MT. 10 a.
— 12 a. b ist nach LXX leicht zu verbessern; 12 c ist עברו zu
lesen, das Waw ist fälschlich dem folgenden Worte zugeteilt;
ebenda lies nach LXX נגורו; 13 a lies מטך dein Stab; 14 b
ist vielleicht יורה zu verbessern.

Wenn man demnach nicht den MT. allein betrachtet, sondern
den Text, wie er mit Hilfe der übrigen Textzeugen herzustellen ist, so
kann man nicht mit Gunkel sagen, dass Nah. 1 geradezu ein Beispiel
für den verderbten Zustand unserer Texttradition sei. Eigentliche Verderbnis des Textes liegt nur vor V. 9 b, der von seinem Platze verrückt
ist, V. 10 (Varianten und Doppelübersetzung) und V. 13 a (Beziehung
auf Israel).

Das scharfe Urteil von Bickell und Gunkel rührt daher, dass
diese den vorliegenden Text als Korruption des ursprünglich alphabetischen Gedichts betrachten. Dadurch wird allerdings die Annahme
grosser Veränderung notwendig. Bickell streicht bei seiner Rekonstruktion 9 Verszeilen (3 b, 11 a. b, 12 a, 13 b, 2, 1 a. b. d. e), nimmt
ganz ausserordentliche Versetzungen vor (3 a, 2 c. d hinter 9 a, wie auch
Now.) und ergänzt gleich Gunkel mehrere für den Sinn unentbehr-
liche Wörter. Alles infolge der Meinung, der vorliegende Text sei
das durch irgend einen Zufall verwischte, verschobene oder sonst ver-
derbte Urgedicht. Gegen diese Ansicht spricht schon in entscheidender
Weise, dass die Entstehung der meisten gestrichenen Zeilen, besonders
V. 11. 12, ganz unerklärlich wäre. — M. E. erklären sich alle Abweichungen vom Urgedichte durch die Absicht der Überarbeiter, mit
bekanntem Wort zu mahnen und zu trösten, wobei Auslassungen, Zu-
setzungen, Änderungen und die Nichtbeachtung der Urform sehr nahe
lagen. Nah. 1 enthält nicht den Text des Urgedichtes, sondern zwei
kurze Predigten auf Grund jenes Textes, s. vorne A I, 3 [1]).

---

[1]) Inzwischen hat Prof. Vetter (Tüb.) theol. Quartalschr. 1901, 2 S. 311
bis 313 meiner Auffassung in der Hauptsache zugestimmt.

## II. Kapitel.
### (2, 2—14).

Inhalt:

1. Ankündigung des Gerichtes, Zweck desselben, 2, 2. 3.
2. Schilderung des Gerichtes in 4 Strophen:
   a) Kampf vor der Stadt, Rückzug der Verteidiger 4—6 b;
   b) Einnahme Nineves 6 c—9 b;
   c) Plünderung der Stadt 9 c—11;
   d) Klagelied über die zerstörte Stadt 12—14.

Die Einleitungsstrophe hat 4 Verse; die nächsten beiden Strophen haben je 5 und die letzten je 6 Verse. Die einzelnen Verse haben regelmässig je zwei ungleich lange Zeilen.

Der geistige Standpunkt des Propheten ist auf den Mauern Nineves: er sieht den Feind herannahen und fordert deshalb Nineves Bewohner ironisch zur Abwehr auf, erklärt aber sofort ihre Nutzlosigkeit. Von der Anrede geht der Prophet sogleich zur Schilderung des für Nineve verhängnisvollen Kampfes über und kehrt erst zum Schlusse wieder zur Anrede zurück, V. 14, denn die Anrede V. 9 ist rein oratorisch. Die auf V. 2 zurückgreifende Anrede V. 14 beweist, dass auch an ersterer Stelle der gegen Nineve Heranziehende der Herr ist und dass Kapitel 2 mit 2, 2 beginnen muss (gegen MT.).

Eine gewisse Übergangsverkettung (Concatenatio) der Strophen und Korrespondenz der Gedanken in den Strophen (Responsion) ist nicht zu verkennen. Erstere besteht zwischen dem Ende der ersten Strophe 6 b und dem Anfang der zweiten 6 c (sie stürzen — sie eilen); ferner zwischen 9 b (sie fliehen) und 9 c (stehet! stehet!). Die Schilderung (4—6 b) von der Niederlage der Kriegsmacht Nineves in offener Feldschlacht hat ihre Parallele in V. 6 c—9 b, worin die Belagerung und Einnahme der Festung beschrieben wird. Noch deutlicher ist die Parallele zwischen der 3. und 4. Strophe (9 c—11; 12—14), die beide verkünden, dass der Plünderer geplündert wird, 2, 3; Hab. 2, 8. — Ein bestimmtes Metrum im Sinne der Silbenmessung oder -Zählung ist nicht nachzuweisen, dagegen verbinden sich immer je zwei Zeilen der Form und dem Inhalte nach zu einem Verse. Die zweite Zeile enthält in der Regel ein betontes Wort weniger als die erste, doch nicht immer, besonders nicht in lebhafter Schilderung, 5 c. d.; 6; 9 c—9 b.

Einleitung V. 2. 3: Ankündigung des Gerichtes.

2. Es zieht herauf gegen dich der Retter,
   *der Befreier aus der Not*.
Schau auf den Weg, gürte die Lenden!
   Nimm alle Kraft zusammen!

3. Denn wiederherstellen wird der Herr den Glanz Jakobs,
ja den Glanz Israels;
Denn Räuber haben sie beraubt
und haben verderbt ihre Ranken.

**V. 2.** Die Anrede richtet sich offenbar nicht an Israel (Theod.,
Calm., Vatabl.), so dass Assur der Heraufziehende wäre, Jer. 50, 3,
sondern an Nineve, denn von dessen Eroberung ist die Rede. מֵפִיץ
Zerstreuer steht etwas auffallend, weil nicht angedeutet ist, warum der
Feind so genannt wird. Der Sinn wäre wie Gen. 11, 4. 8: Gott
zerstreut die auf ihre „Stadt" Stolzen; vgl. Hab. 2, 12. 13; Nah. 2, 9.
12—14. Es emendieren J. D. Michaelis, Hitz., Wellh., Now.:
מַפֵּץ Zerschmetterer, Hammer, Jer. 51, 20, vgl. Dan. 12, 7. Allein
auch diese Bezeichnung ist durch den Zusammenhang nicht motiviert
im Gegensatz zu Jer. 51, 20 und so wäre LXX: ἐμφυσῶν schwer
erklärlich. LXX lasen nicht מֵפִיח anhauchen (Schleusner, Voll.),
sondern מַצֵּ(ה), Ps. 144, 7. 10. 11, oder vielleicht, obwohl das Hiph.
sonst nicht vorkommt, מַצֵּה, nahmen aber das Wort in der Bedeutung:
das Maul gegen jemand aufsperren, angrinsen, Thr. 2, 16; Ps. 22, 14;
Hab. 3, 14; vgl. Jes. 40, 24 statt in der hier richtigen Bedeutung:
retten, entreissen, Ps. 144, 7. 10. 11. LXX sind auch in der folgenden
Zeile vorzuziehen, weil nur so zwei parallele Glieder gewonnen werden:
ἐξαιρούμενος (Medium, nicht nach Schleusner, Voll. Passiv, wie
die parallele Zeile beweist, vgl. Jes. 60, 16; Jud. 16, 2) ἐκ θλίψεως.
Es ist unglaublich, dass nur in einer Langzeile der Angriff angedroht
und schon in der nächsten Kurzzeile zur Verteidigung aufgefordert
wird, so dass diese in einer Lang- und zwei Kurzzeilen enthalten wäre.
Im ganzen Kapitel gehören immer je eine Lang- und Kurzzeile auch
inhaltlich zusammen. Auch alle Versionen bieten dasselbe Subjekt in
den beiden ersten Zeilen. Also 2 b נֹצֵר מְצֻרָה, vgl. Ps. 32, 7; Judith
16, 2; 1. Macc. 5, 12. So sind 2 a und 2 b sinnesgleich; „Retter" und
„Befreier" stehen parallel, gerade wie Ps. 144, 7. 11 (nur steht hier an
zweiter Stelle נצל). „Gegen dein Angesicht" steht feierlich statt des
einfachen „gegen dich", vgl. Gen. 18, 16; Ps. 21, 13; Judith 2, 21.
Es braucht wegen des folgenden imp. masc. nicht in פָּנֶיך das männl.
Suff. hergestellt werden, denn hier ist an die Stadt, dort an das Volk
gedacht. Der Heraufziehende ist nicht wie sonst, z. B. Jes. 13, 3; Ez.
26, 3, ein als Strafwerkzeug Gottes erwähltes Volk, sondern der Herr
selber, wie in den Psalmen Gott unmittelbar errettet, vgl. Judith 16
und 2. Macc. 10, 28 (Gott ist der Anführer seines Volkes). Auch im
Buche Daniel, vgl. 12, 1, wird der Feind durch unmittelbares Eingreifen Gottes vernichtet; 1. Macc. 4, 11. 30, vgl. 5, 12, ist „Retter"
der Name des in seinem Volke siegenden Gottes. — So ist 2, 2 a. b
parallel zu 1, 2 a. b Rächer = Retter. Denn das Einschreiten Gottes
bezweckt die Rache Gottes an den Feinden seines Volkes, 1, 7; 2, 3.
— 2 c. d „schau auf den Weg u. s. f." ist ironische Aufforderung, sich
zur Abwehr des heranrückenden Feindes zu rüsten, vgl. Jer. 46, 3. 9. 14.

**V. 3:** Denn der Herr stellt her den Glanz u. s. f., enthält sowohl

den Grund, warum Gott heranzieht, als auch den Grund, warum N.
sich wehren soll. Der Zweck des göttlichen Einschreitens ist die
Wiederherstellung des Volkes Gottes, das die Völker schmählich behandelt haben, Jes. 14, 1; Jer. 50. Sonst, z. B. Jer. 50, 19, wird
gesagt, dass Gott das Volk zurückführen werde. Bei Nah. ist das
wohl absichtlich vermieden und ein ähnlicher, aber allgemeiner Ausdruck gebraucht, weil keine eigentliche Exilierung stattgefunden hatte.
גֹּאָה ist Wortspiel nach dem vorausgehenden פָּצֵהוּ (LXX). שׁוּב ist
transitiv: er stellt wieder her (Chald., Syr., Wellh., Gunk., Now.), nicht
intransitiv: er kehrt zurück zu (Keil, Strauss, Knab.), nicht: er vergilt,
bestraft (Hier., Arias, Lap.). גְּאוֹן יַעֲקֹב der Stolz, der Glanz Jakobs,
d. h. das, was Jakob gross und herrlich macht, die Ausstattung des
auserwählten Volkes, gleichbedeutend mit כָּבוֹד Jes. 17, 4, vgl. Jes.
60, 15; Ps. 47, 5 (das herrliche Volk); Am. 6, 8 (worauf Jakob stolz
ist); 1. Macc. 1, 40 (42). „Wie die Herrlichkeit Israels"; „Jakob und
Israel" kann nicht für das südliche und nördliche Reich stehen (Hier.,
Lap.), denn Israel ist ja Name Jakobs, noch weniger kann der
Sinn sein: Gott kehrt zur Herrlichkeit seines Volkes so zurück, dass
diese Herrlichkeit eine Israels (d. h. des Stammvaters und der durch
ihn gegebenen Verheissungen) würdige sein wird (Keil, Strauss).
Diese Meinung, welche in Jakob den natürlichen, in Israel den geist-
lichen, die göttlichen Verheissungen in sich schliessenden Namen des
Volkes sieht, ist zu gekünstelt. Jakob und Israel sind sinnesgleich
wie oft in parallelen Gliedern, Jes. 14, 1; 43, 28 u. ö., und bedeuten
das ganze Volk Gottes. Die zweite Zeile ist wohl durch das in Kap. 2
durchgängig gebrauchte Metrum (jeder V. hat zwei ungleich lange
Zeilen) veranlasst. Auffallend ist freilich כְ, das wohl in כִּי „ja" zu
emendieren ist (so auch Now., der aber danach wie Bick. פָּקַק ergänzt), wenn man dasselbe nicht als Dittographie des vorausgehenden
ב betrachten will. Doch könnte auch nach 1. Macc. 1, 40 der Sinn
sein: Gott gibt den früheren Glanz zurück. Israel stünde zur Ab-
wechslung für Jakob. — „Denn Plünderer u. s. f." begründet שׁוּב: die
Herrlichkeit war durch die Assyrer vernichtet worden. Die Plünderer
sind die Assyrer. Dass die Rede da, wo von der Schuld der Assyrer
die Sprache ist, von der Anrede in die Erzählung übergeht, ist oratorisch schön und der Ausdruck der Verachtung (vgl. das Vulgäre:
ein Lügner ist, wer dies sagt, für: du lügst). Geplündert, d. h. beraubt,
wurden die Glieder Israels, Jes. 24, 1. „Ihre Weinranken", das Suffix
hat dieselbe Beziehung wie im vorausgehenden Verb. Anders Gunk.,
Bick., Now., die das erste גְאוֹן in גֶפֶן Weinstock verwandeln nach
Gen. 49, 22; Jer. 48, 32; Hos. 10, 1; Jes. 5, 1; Ps. 80, 9. 12. Dem
steht entgegen das Zeugnis aller alten Versionen, ferner, dass „Weinstock Jakobs" und „Herrlichkeit Israels" kaum parallel stehen können
(was Gunk. durch Streichungen entgegen dem Metrum verhindert, s.
die Tab. zu Kap. 1). Wäre גֶפֶן herzustellen, so müsste nach Jes.
5, 1. 4. 7 u. ö. „seinen Weinberg" und statt „ihre Ranken" notwendig
„seine (des Weinbergs) Ranken" erwartet werden wie Ps. 80, 12. Den
Korrekturen Gunkels und Nowacks in letzterem Falle stehen die

alten Vers. entgegen. Schon mit בקמים wäre das Bild verlassen. Es
liegt wohl dem Ausdruck das Bild des Weinstocks (Weinstock = das
Volk) zu Grunde, aber es ist nicht streng durchgeführt, so dass „ihre
Weinranken" nicht das Volk selber sind, sondern die von ihnen ge-
pflanzten Weinranken. Als Beispiel der Plünderung steht die Verwüstung der Weinberge, vgl. Jer. 5, 17; Jes. 65, 21. Zu שחתו vgl.
Jer. 12, 10.

Eine ganz eigenartige, aber gekünstelte Auffassung von V. 3 trägt
Arias und besonders a Lapide vor: du, Nineve, widerstehst umsonst;
denn Gott straft schon den Hochmut Judas und Israels, indem er über
sie Babel resp. Assur kommen lässt, die sie plündern. Wie viel mehr
muss Gott dich, Nineve, strafen! Dieselben Chaldäer werden auch
dich plündern. Hierbei muss der wichtigste Gedanke ergänzt werden.

V. 3 gibt also die Begründung des Anzugs des Herrn: die Schuld
Nineves, vgl. die ähnlichen Schilderungen Jer. 46, 9 (wehre dich!), 10
(jetzt ist für den Herrn der Tag der Rache gekommen), 50, 29 (ziehet
gegen Babel! niemand wird entrinnen, denn jetzt naht die Vergeltung).
V. 3 steht demnach sehr gut an seinem Orte (gegen Wellh., Bick.,
Gunk., Now.) und passt vollkommen zu dem Metrum seiner Umgebung.

Die Anrede V. 2 wird von Theod., Theod. M., Sanctius, Calm.,
Raschi u. a. wie schon vom Chald. auf Juda bezogen. Nach den
griechischen Vätern ist der zur Hilfe Judas Heraufziehende der Messias.
Wirklich scheint im MT. Juda angeredet zu sein. Da dies nicht ursprünglich sein kann, weil im folgenden der Sturm auf Nineve erzählt
wird, so muss die Änderung im MT. dadurch veranlasst sein, dass
Kap. 2 (2, 2—14) mit Kap. 1 zusammengestellt wurde. Nun lag es
wirklich nahe, die Anrede 1, 15 und 2, 2 auf dieselbe Person zu beziehen, und thatsächlich ist im MT. 1, 15 von Kap. 1 losgelöst und
als Einleitung zum folgenden betrachtet, so dass Kap. 2 den Inhalt
des Heroldrufes 1, 15 ausführt. Sinn: freue dich, Juda, dein Bedränger
ist dahin (prophet. Perf.), er zieht gegen dich heran, aber tritt ihm
kühn entgegen, du wirst ihn besiegen. Dann erzählt natürlich das
Folgende die Niederlage des Heraufziehenden, daher V. 4. 6: seine
(die übrigen Texte: ihre) Helden. Der Chald. spricht diese Meinung
deutlich aus: sie sind vernichtet (1, 15), welche heraufzogen und sich
über dein Land ergossen und dich belagerten (2, 1). LXX schwanken
und ihre Abweichungen lassen die Textumbildungsphasen noch erkennen; sie ziehen von 1,15 nur die beiden letzten Worte („dahin ist
er, vernichtet") als Einleitung zu Kap. 2, woraus sich gleichfalls ergeben würde, dass der Heraufziehende der Feind Israels ist, s. aber
unten. Die letzten beiden Worte von 1, 15 gehören aber auch wegen
des Metrums zum Vorausgehenden. Infolge der geänderten Beziehung
der Anrede wurde im MT. „Retter" mit leichter Änderung zu „Zerstreuer" (nach anderen: „Hammer")[1] und 2b ist nach dieser Auffassung mit Vulg. und Syr. zu übersetzen: der (deine) Festung ein-

---

[1] In diesem Sinne würde „Zertrümmerer", „Hammer" besser passen, vgl.
Dan. 12, 7 (dasselbe gleichfalls ohne Artikel wie ein Eigenname).

schliesst. Die L. A. der LXX ἐξαιρούμενος ἐκ θλίψεως gibt bei der
jetzigen Kapitelabteilung nur einen sehr gezwungenen Sinn und deutet
deshalb auf einen anderen ursprünglichen Zusammenhang. Auch
2, 4. 6 ist der Text der LXX (ihre Helden) dem des MT. (seine
Helden) vorzuziehen; jene beziehen das Suff. auf „Plünderer", 2, 3,
dieser auf „Zerstreuer". Für MT. ist die Veranlassung zu ändern
(die Meinung, dass 2, 4 ff. die Niederlage des „Zerstreuers" erzählt werde),
ersichtlich, für LXX nicht. Diese nämlich müssen wegen ἐξαιρούμενος V. 4 (3) unter dem Heraufziehenden den Feind Nineves verstanden haben und schildern V. 3 (4) ff. offenbar die Niederlage der
Plünderer. Daraus ergibt sich, dass die jetzige Kapiteleinteilung bei
LXX (die Herabziehung der beiden letzten Wörter von 1, 15 zu Kap. 2)
späteren Datums ist. Daraus, dass im MT. 1, 15 zu Kap. 2 gezogen
wurde, erklärt sich vielleicht auch zum Teil die metrische Gestalt von
V. 1, 15, die sich der von Kap. 2 anpasst (Weglassung eines Wortes
15 d, Versetzung des הנה nach 15 a, beides, um eine Kurzzeile zu er-
erhalten, s. die Tab.). Doch ist zu bedenken, dass diese Änderungen
schon vom Überarbeiter herrühren können, zumal sie schon vor LXX
vorgenommen waren. — Dass aber die ganze Auffassung, wonach 2, 2
Fortsetzung von 2, 1 ist und darin Israel angeredet wird, unrichtig ist,
beweist erstens der Umstand, dass 1, 15 wegen des Alphabetismus zu
Kap. 1 gehört, ferner 1, 11, wonach בליעל in dem dort beginnenden
Abschnitte enthalten sein muss, und endlich die Unmöglichkeit, das
ganze Kap. 2 als Inhalt eines Heroldsrufes, der kurz sein muss, zu
betrachten.

## Schilderung des Gerichtes.

1. Strophe 2, 4—6 b: Kampf vor der Stadt, Rückzug der
Verteidiger hinter die Mauern.

Nach der gewöhnlichen Meinung wird 2, 4 die Ausrüstung und
der siegreiche Ansturm des „Zerstreuers" gegen Nineve beschrieben.
Das ist aber unmöglich schon wegen הרעלו 2, 4 und כשלו 2, 6, denn
diese Worte können nur: taumeln resp. zu Boden stürzen — bedeuten
und nur auf eine Niederlage sich beziehen. Damit stimmt überein
Vulg. 2, 4 (3): consopiti sunt, 2, 5: conturbati sunt, quadrigae collisae
sunt, 2, 6: ruent; LXX 2, 4 (3): θορυβηθήσονται, 2, 6 (5): φεύξονται
. . . καὶ ἀσθενήσουσιν; Syr. 2, 4 (3): sie entsetzen sich. Auch kann
man nicht, wie in der Verlegenheit schon Hier. thut, das Subjekt von
2, 6 (5) an wechseln und 2, 6 von den Assyrern verstehen, denn es
geht, wie Nowack zugibt, nicht an, dem Suff. in „ihren (MT.: seinen)
Helden" 2, 6 eine andere Beziehung zu geben als in „ihrer Kriegsmänner" 2, 4. Auch ist ein Wechsel des Subjekts durch nichts angedeutet. Now. nimmt deshalb (zweifelnd) eine Lücke im Texte vor
2, 6 an, in der ein auf die Assyrer resp. deren König bezüglicher Satz
gestanden wäre. Der Ansturm des Racheheeres des Herrn kann auch
deshalb nicht gemeint sein, weil dieser sich in grösster Ordnung vollzieht, Joel 2, während die Verwirrung Strafe Gottes ist, Zach. 12, 2—4.

Klar ist, dass im MT., der wie der Chald. unter dem Heraufziehenden
den Feind Israels versteht, die Schilderung 2, 4 ff. sich nur auf diesen
beziehen kann. Auch in den Versionen kann das Suff. „ihre Helden",
„ihre Krieger" nur auf die Plünderer Israels, V. 3, zurückgehen, so dass
die V. 2, 4 ff. von den Assyrern reden müssen. Man hat also mit
Cyr., Theod., Theod. M., Mar., Calm in 2, 4 ff. die Schilderung der
Plünderer, d. h. der Assyrer, resp. ihrer Niederlage zu erblicken. Auch
Hier., Alb., Ribeira, die 2, 4 auf den Belagerer Nineves beziehen, sehen
sich gezwungen, die letzte Zeile („sie taumeln") plötzlich von den
Assyrern zu verstehen, während die vorausgehenden und folgenden Zeilen
von dem Angreifer sprechen sollen — ein unmöglicher Subjektswechsel.

Das Verhältnis von 2, 2. 3 zu 2, 4 ff. ist genau wie Jer. 50, 31 ff.
Zuerst wird Babel das Gericht verkündet und zwar in Form der An-
rede „siehe, ich will an dich" 31, vgl. Nah. 2, 2; darauf wird die
Schuld Babels berichtet, aber nicht mehr in der Form der Anrede,
sondern der Erzählung, 32. 33, vgl. Nah. 2, 3. Der Herr wird Israel
aus der Not retten, 34, vgl. Nah. 2, 2. V. 35—37 wird das Gericht
über die Fürsten, Helden, Rosse und Wagen (Nah. 2, 4), die Schätze
(Nah. 2, 10. 11. 14) und Wasser (Nah. 2, 7. 9) Babels angekündigt.
Nah. 2 schildert die Ausführung des Jer. 50 angekündigten Gerichtes.
— Ähnlich Jer. 46, 4 ff.: Ägypten wird ironisch zur Abwehr gegen
Gottes Racheheer aufgefordert und sofort darauf wird seine Niederlage erzählt.

> 4. Der Schild ihrer* Helden ist ein Mensch*,
>     Verwirrt reden* die Krieger [. .].
> (4. Der Schild ihrer Helden, vom Blute
>     der Krieger ist er besudelt.)
> Die Wagen, am Tage da man sie aufstellt,
>     taumeln sie samt den Rossen*.
> 5. Auf den Feldern rasen die Gespanne,
>     sie überrennen sich auf den Plätzen.
> Gleich Fackeln sind sie anzuschauen,
>     gleich zuckenden Blitzen.
> 6. *Man ruft* nach ihren* Führern:
>     sie stürzen, sobald* sie einherschreiten.

Zusammenhang: Nineve hat den Anzug des Feindes bemerkt
und hat ihm ein Heer entgegengeschickt gemäss der Aufforderung V. 2
(schau auf den Weg!). Die Abwehrmassregeln werden nicht geschildert,
sondern vorausgesetzt, V. 4—6 wird ihr negativer Erfolg beschrieben.

V. 4 sehr schwierig und jedenfalls verderbt. Gewöhnlich übersetzt man: der Schild seiner (MT., Vulg.) Helden (nämlich der Helden
des Hammers) ist rot gefärbt, die Krieger sind in Karmesin gekleidet
(MT., Vulg., Chald.). Man weist darauf hin, dass die Alten rote Kriegs-
kleider liebten. Dagegen hat Now. mit Recht Bedenken wegen der
Kostbarkeit solcher Stoffe: Wenn überhaupt eine Beschreibung der
Waffenausrüstung beabsichtigt wäre, so würden Schwert, Lanze, Bogen,

Schnelligkeit der Pferde, Menge der Krieger u. s. f. angeführt sein, vgl. die Schilderungen Jer. 46; 50; Hab. 1, 6 ff. Warum sind nur der Schild, seine Farbe und die der Kleider erwähnt? In diesen Dingen liegt doch nicht das Furchtbare eines Heeres und das wird auch sonst nicht erwähnt. Dazu kommt, dass auch im folgenden nicht die Art der Ausrüstung geschildert wird, sondern was mit den Kampfmitteln des Feindes geschieht. Deshalb ist es auch unmöglich, in 2, 4 den Hinweis auf die bluttriefende Ausrüstung des Siegers zu sehen, Deut. 32, 44; Jes. 63, 2. 3 (Grot., Abarb., A. Jeremias). Dieser Gedanke wäre auch sicher deutlicher ausgedrückt worden, z. B. durch Zufügung von „mit Blut" wie in den angef. St. Es bleibt daher nichts übrig, als im MT. einen Fehler anzunehmen. Ich möchte nach LXX vorschlagen, statt מְאָדָּם (Part. Pu.) zu lesen מֵאָדָם und statt מִתְלָעִים eine Partizipform von (לְעָה)לָעַע irre und verwirrt reden, Job. 6, 5 oder לָעַג spotten, stammeln, stottern, unverständig reden, Jes. 33, 19 (Niph.), vgl. Syr.: מִשְׁתַלִין spielend. Von ersterem Worte kommt zwar nur das Kal vor, von letzterem in der Bedeutung: irre reden — nur das Niph.; allein Hitp. מִתְלָעִים gäbe den passenden Sinn: sich irre redend zeigen, sich unsinnig anstellen. Gott straft seine Feinde dadurch, dass er sie thöricht macht, Jes. 19, 11. 13. 25; Jer. 50, 36; dass er Schwindel und Taumel über sie verhängt, Jes. 44, 25; Jer. 25, 16; 51, 7; Zach. 12, 2—4. Der Taumel ist die Folge des göttlichen Zornkelches, Jer. 25, 16. Dazu passt vollständig, dass Nah. 2 die Verwirrung des Feindes (der Krieger, Fürsten, Wagen, Rosse, vgl. Jer. 50, 37; Jes. 31, 3) beschrieben wird. Der Sinn ist wie Jes. 44, 11 (die Götzen sind machtlos und müssen unterliegen, weil sie oder ihre Verfertiger sind מֵאָדָם), vgl. Jes. 2, 7—22 (der Feind Gottes ist ein ohnmächtiger אָדָם, אִישׁ, Gott allein ist gross). Noch deutlicher Jes. 31, 1. 3 (Ägypten unterliegt, denn es ist אָדָם und nicht Gott und seine Rosse sind Fleisch und nicht Geist). An diesen Stellen steht wie Nah. 2 dem ohnmächtigen Menschen mit seinen Wagen und Rossen Gott gegenüber, ebenso 1. Macc. 2, 62; 2. Macc. 9, 12; 10, 28. Also: Nineve mag sich wehren gegen den Herrn, es unterliegt, denn es ist Mensch und seine Machtmittel sind Fleisch (Jes. 33, 3). — Schild = Schirmer, Schutz, Anführer, Ps. 18, 3. 31; 84, 10; 144, 2 (an diesen St. ist Gott gemeint); Ps. 47, 10 (die Könige[1]), 2. Sam. 1, 21 (Schild der Helden = Saul), vgl. 1. Sam. 8, 20: der Beruf des Königs ist der Schutz des Volkes, welcher Gedanke auch dem Namen Ἀλέξανδρος zu Grunde liegt. Der MT. wird dadurch entstanden sein, dass zuerst מְאָדָם als Part. Pu. genommen wurde: rot gefärbt, Ex. 25, 5; 26, 14, und dann wohl nach Jes. 1, 18: rot (אָדֹם) wie Purpur (תּוֹלָע) als paralleler Ausdruck מִתְלָעִים

---

[1] Stades (Zeitschr. für altt. Wissensch. 1893 S. 322) Vermutung, dass ursprünglich שַׁלִיט „Herrscher" gestanden, durch Schreibfehler daraus שֶׁלֶט „Schild" geworden und dafür endlich das gebräuchlichere מָגֵן gesetzt worden sei, scheint mir unbegründet.

[2] 2. Sam. 1, 21 vgl. J. K. Zenner, Bibl. Studien 6. Bd., 1. u. 2. Heft 1901 S. 57 ff.

gebildet wurde. Vielleicht lag auch ein verwischter Text vor. Das
störende und die Zeile überfüllende באש פלדית wäre dann eine מתלעים
erklärende Glosse aus 2, 5: die Krieger sind rot wie Fackellicht (das
anlautende ב ist in כ zu emendieren mit guten alten Handschr. nach
Houbig, Now.), d. h. wohl: sie sind rot vor Scham und Schrecken,
vgl. Jes. 13, 8 (Flammengesichter); Jes. 24, 6 (sie glühen wie Metall);
Jer. 30, 6. פלדת wird gewöhnlich als ein militärisches Lehnwort mit
der Bedeutung: funkelndes Eisen, Stahl (nach arab. u. syr. Wurzel)
genommen. Aber der Ausdruck „wie Feuer ist der Stahl der Wagen"
ist geschraubt und passt nicht zum folgenden. Und welchen Sinn soll
dabei der Zusatz „am Tage der Aufstellung" haben? Andere (Lag.)
glauben an Entlehnung aus dem Persischen, während Hitz. arabischen
Ursprung annimmt: fld Zerschneidung, sprühendes Eisen oder Sichel-
wagen. פלדה, das auch Syr. (u. Chald.?) mit „Fackel" übersetzt, ist
= לפיד, 2, 5, und dieses ist nur eine transponierte Form des ersteren
(Vollers) oder umgekehrt. Die Grundbedeutung scheint „Glänzendes"
zu sein (Voll.). LXX αἱ ἡνίαι lasen schwerlich פרד Maultier, wofür
sie metonymisch wie 1. Macc. 6, 28 „Zügel" gesetzt hätten (Schleus.),
auch nicht פלרת, das sie mit φάλαρα gleich gesetzt hätten (Voll.),
sondern m. E. eine Form von לפה umschlingen mit den Händen,
Judic. 16, 29, umwickeln oder umwenden, woraus sie die Bedeutung
„Zügel" entwickelten. Ihre Vorlage scheint also auch hier wie 2, 5
לפיד gelesen zu haben. Die Identität beider Wörter scheint sich
auch aus LXX 2, 5; λάμπαδες πυρός (letzteres Wort fehlt im MT.)
= MT. 2, 4 zu ergeben.

Möglich ist auch, dass V. 4 a. b nach 2. Sam. 1, 21. 22: dort
ward besudelt der Schild der Helden (der Schild Saul = erklärende
Glosse), und ein nicht mit Öl Gesalbter (= Jonathan) mit dem Blute
der Erschlagenen, mit dem Marke der Helden [1] — wie folgt zu emendieren ist: מגן גבריהם מדם אנשי־חיל נגעל der Schild (Schirmer) ihrer
Helden, vom Blute — der Kriegsmänner ist er besudelt, d. h. der Anführer fällt und liegt blutbefleckt unter den Leichen. נגעל = גאל Thr.
4, 14; Jes. 63, 3; Dan. 1, 8; Zeph. 3, 1. Der MT. ist in diesem Fall
ebenso wie oben zu erklären.

Die Machtmittel, worauf der Feind stolz ist, versagen. הכינו ist
Inf.: am Tage, da man ihn (den Wagen) aufstellt (LXX: ἐν ἡμέρα
ἑτοιμασίας αὐτοῦ), d. h. sofort bei Beginn des Kampfes entsteht Verwirrung. ברושים. Man übersetzt meist: die aus Cypressen gefertigten
Lanzen werden geschwungen. Allein solche Lanzen könnten unmöglich
Cypressen genannt werden und רעל kommt gerade im Zusammenhang
mit Reiterei in der Bedeutung: Taumel — vor, Zach. 12, 2. 4 (Rosse
und Reiter werden mit Entsetzen und Wahnsinn geschlagen), so dass
sich die L. A. von LXX (ἱππεῖς), Syr., Vulg. (agitatores = Wagen-
lenker, Reiter) sehr empfiehlt, wobei jedoch das zu Grunde liegende

---

[1] S. Zenner l. c.

פָּרָשׁ besser mit „Ross" zu geben ist, Jer. 46, 4. Billerbeck gibt zu, dass LXX nicht von der Unruhe der kampfesmutigen Rosse die Rede ist (so will Now.), sondern von der geworfenen assyr. Reiterei; er selbst denkt bei „Cypressen" an lauge Stosslanzen oder an die Helepolen; gegen letzteres spricht, dass von der Belagerung erst von V. 6 an gesprochen wird, denn die Umstellung von 3, 12—15 hinter 2, 4 (Jerem., Billerb.) ist nicht nur unbegründet, sondern zerreisst auch die Schilderung.

V. 5 erklärt das Vorhergehende näher. רֶכֶב fasst Reiter, Rosse und Wagen zusammen: die Gespanne, und steht kollektiv; daher der Plur. des Verbs und wohl auch das Femin. des Suff. in „ihr Anblick". Letzteres auf רְחֹבוֹת zu beziehen (Strauss) ist unmöglich, denn die Plätze können nicht mit Fackeln und Blitzen verglichen werden. Dagegen sind schnell geschwungene, in schneller Folge aufleuchtende und verschwindende Fackeln und der Zickzack der Blitze ein schönes Bild der geworfenen Feinde, die hier in wilder Hast fliehen, dort aber zu einem Widerstandsversuche wieder auftauchen. Dies wilde Rasen hat zur Folge, dass sie sich gegenseitig selbst hindern und überrennen. — יההללו heisst hier rasen und das Geschick der Rasenden erleiden: taumelnd stürzen Jer. 25, 16; 51, 7, vgl. 1. Sam. 21, 14. — Jer. l. c. steht wie bei Nah. „Rasen" in Verbindung mit dem Taumelkelch des göttlichen Gerichtes, vgl. Zach. 12, 2—4. שׁקק Hithpal. sich überrennen. LXX (συγχυϑήσονται und συμπλακήσονται) haben wohl nicht die beiden Verba anders gelesen (nach Vollers für das erstere יְהָאֵלְלוּ, nach Reinke leiteten sie das letztere von שׁוֹק Schenkel ab, also: die Schenkel an einander reiben), sondern übersetzten erklärend. Vulg.: conturbati sunt — collisae sunt. — הוּצוֹת und רְחֹבוֹת sind vor der Stadt zu denken (Hitz., Schegg, Knab., Now.), denn erst V. 7 wird die Eroberung der Stadt erzählt; ersteres bezeichnet das Feld draussen, Prov. 8, 26; Job. 5, 10, vgl. Prov. 24, 27; Job. 18, 17, letzteres die ebene Beschaffenheit. A. Jeremias verlegt, wie schon O. Strauss, den Kampf 2, 4—5 in die Vorstädte Nineves unter Hinweis darauf, dass eine solche Ribit Nina, das mit עִיר רְחֹבוֹת Gen. 10, 11 identisch sei, genannt werde. Allein weder ist diese Identität bewiesen, denn Gen. 10, 11 scheint ein anderer Name für Nineve gemeint zu sein, noch, dass die Vorstädte Nineves überhaupt „Strassen", „Gassen" ohne jeden näheren Zusatz hiessen. Ausserdem sind die Vorstädte kein geeignetes Terrain für Reiterei.

V. 6. Dass mit V. 6 das Subjekt nicht wechseln kann, s. oben. Im MT. kann das Subjekt zu יִזְכֹּר nur der „Zerstreuer" 2, 2 sein, worauf sich auch „seine Krieger" 2, 4 bezieht. Da aber in V. 6, wie gegen Now., der darin die Fortsetzung des Angriffs auf N. geschildert findet, allgemein angenommen wird, nur von den Assyrern die Rede sein kann, so muss der MT. auch im vorausgehenden vom Geschick derselben reden, s. oben V. 3, eben dort über die Abhängigkeit der Singularsuffixe in „seine Krieger", „seine Führer" sowie des Singulars „er gedenkt" von der masor. Beziehung des „Zerstreuers" auf den Assyrer.

In allen drei Fällen zeigen LXX, Syr., Chald. den Plural. Es ist mit LXX (und teilweise Syr. und Chald.) zu lesen: „man ruft nach ihren Anführern" (vgl. 3, 18): יִזְכֹּר oder das Kal (Reinke). Zu ergänzen ist בְּשֵׁם; man nennt sie, erwähnt sie mit Namen, d. h. ruft um ihre Hilfe, Hos. 2, 19; Ez. 6, 9; Zach. 10, 9; Ps. 42, 5; 77, 4. LXX: μνησθήσονται kann als Pass. oder als Med. gefasst werden. Seit Hier. ergänzt man als Subjekt zu „er ruft": König von Assur — allein da von ihm vorher nicht die Rede war, so hätte er deutlich bezeichnet werden müssen (Now.); auch will der Gedanke, der König ruft nach seinen (LXX, Syr., Chald: ihren) Grossen — nicht recht passen, denn er bringt ein fast komisches Moment: der König, statt selbst sich an die Spitze zu stellen, ruft nach seinen Grossen. Jeremias kommt dem Richtigen näher: nachdem der Feind bis an die Mauern vorgerückt ist, ruft man (d. h. die belagerten Assyrer) die Offiziere auf den Wall, die nun zur Leitung der Verteidigung herbeieilen. Allein abgesehen davon, dass noch vom Kampfe vor der Stadt die Rede ist, ist es nicht wahrscheinlich, dass die Anführer in der Stunde der grössten Gefahr erst herbeigerufen werden mussten. Wenigstens hätte dieser Umstand deutlich angegeben werden müssen. Übrigens wäre er für das Ganze so nebensächlich, dass seine Erwähnung bei der sonst grosszügigen Schilderung auffallen müsste. Aus denselben Gründen ist die Emendation יִשְׁכָּרוּ sie sind betrunken (Graetz) abzulehnen. — Sinn: sie (deren Verwirrung oben geschildert ist) rufen hilfesuchend nach ihren Anführern, aber diese stürzen, sobald sie auftreten, d. h. sobald sie sich an die Spitze stellen, um die Weichenden zum Stehen zu bringen. — Schwierigkeit macht בַּהֲלִיכָתָם (Keri) (sie stürzen) auf ihrem Wege: ein zu matter Ausdruck; was soll „auf ihrem Wege" besagen? Dazu kommt der Zusatz der LXX: καὶ φεύξονται ἡμέρας, der noch nicht erklärt ist. Nach Reinke ist er Doppelübersetzung von יִמְהֲרוּ חוֹמָתָהּ, indem statt des letzten Wortes יוֹמָם gelesen worden sei. Das ist sehr unwahrscheinlich und dagegen spricht die Stellung des Zusatzes. Vollers meint gar, derselbe sei vom Übersetzer oder Glossator zur Vermittlung des vorausgehenden und nachfolgenden Satzes eingeschoben; allein es kann nicht eingesehen werden, wozu eine Vermittlung nötig sei, und jedenfalls wäre der Sinn einer solchen in einem klaren griechischen Ausdrucke gegeben, was nicht der Fall ist. Ἡμέρας (am Tage?!) kann nur Übersetzung von יוֹמָם oder בַּיּוֹם oder הַיּוֹם sein, wovon nur die beiden letzten brauchbar sind im Sinne von: heute, sofort, sogleich, vgl. Prov. 12, 16. Da dies im hebr. Text gestanden sein muss, andererseits der Ausfall einer Zeile im MT. nicht anzunehmen ist, zumal eine korrespondierende zweite Zeile nicht vorhanden ist, so halte ich dafür, dass ursprünglich der Anfang von V. 6 lautete: sie (man) rufen nach ihren Führern, diese aber stürzen am Tage ihres Einherschreitens בַּיּוֹם הֲלִיכָתָם, d. h. sobald sie dem Rufe folgend sich aufstellen, sofort, vgl. 2, 4, wo dasselbe von der Reiterei gesagt ist. So erhält „Einherschreiten" einen Sinn. Im Hebr., schon in der Vorlage der LXX (5c: καὶ ἀσθ.), fiel יי aus, doch blieb es in anderen Exemplaren stehen. Der Übersetzer von 5b (καὶ

*φεύξ.*) fand das Wort in seinem hebr. Texte über oder neben בהל"
einkorrigiert und fügte deshalb seinem griech. Exemplare die Dublette
bei: *καὶ φεύξονται ἡμέρας*, indem er כשל in der Bedeutung: sich
rückwärts stürzen, ermattet zurücksinken — nahm, vgl. Jes. 28, 13.

> 2. Strophe 2, 6c—9b: Einnahme Nineves.
>
> 6c. Sie eilen nach der Mauer
> und richten* die Schutzwerke her.
>
> 7. (Allein) es müssen sich aufthun die Thore der Flüsse
> und das Haus wankt.
>
> 8. Und das Fundament* wird blosgelegt und* herausgeworfen
> und ihre Mägde werden fortgeschleppt*,
> Wie mit Taubenstimmen klagen sie*,
> seufzen tief im Herzen.
>
> 9. Und Nineves Gewässer* sind wie ein Teich,
> aber sie fliehen dabin.

Die Verteidiger werden in die Stadt zurückgedrängt. Vgl. Jer. 51, 30.

V. 6c: Sie eilen. Subjekt sind die Rufenden 6a. Das He in
חמתה ist entweder mit Syr. und Chald. zu streichen oder als He loc.
zu erklären; in LXX scheiut *αὐτῆς* nachträglich aus MT. eingesetzt zu
sein, es fehlt in der griech. Vorlage des Hier., in c. al. u. vielen Ms.
Nach dem Vorausgehenden ist klar, dass von der Flucht der Assyrer
aus dem offeneu Kampf hinter ihre Mauern die Rede ist, nicht von
dem Herbeieilen der Belagerten auf die Mauer (gewöhnl. Ansicht), noch
weniger von dem Heranrücken der Angreifer (Now.). — „Und sie richten
die Schutzwerke her". Nach LXX (*Καὶ ἑτοιμάσουσι*), Syr., Chald.,
ist zu lesen והכינו, wodurch die Zeile der vorausgehenden ganz parallel
wird. סכך das Deckende, Schützende, also jedes Schutzmittel, hier zur
Verteidigung (Hier., Hitz., Knab.) Gewöhnlich versteht man darunter
die Belagerungsmaschinen der Angreifer; allein es ist von V. 4 an nur
von dem die Rede, was Nineve thut resp. was es erleidet. LXX lasen
wohl den Plural, vokalisierten aber die Endung als Suff.: *τὰς προφυ-
λακὰς αὐτῶν*.

V. 7 steht zu den beiden vorausgehenden Zeilen in demselben Verhältnisse, wie „sie stürzen" zu „man ruft nach den Grossen", d. h. die
folgenden Zeilen schildern den negativen Erfolg der in dem vorausge-
gangenen geuannten Handlungen: das Rufen und die Verteidigungs-
massregeln sind ohne Erfolg. Damit stimmt, dass der negative Erfolg
beidesmal unverbunden folgt, während die anderen Glieder polysynde-
tisch stehen.

7 „Es thuen sich auf die Pforten der Flüsse[1]". Der V. wird
sehr verschieden erklärt. Unrichtig ist sicher die Ansicht, dass die
Belagerten selber zu ihrem Schutze durch Öffnung der Schleusen eine
Überschwemmung herbeigeführt hätten, denn nach dem Zusammenhange

---

[1] LXX: *πόλεων* ist wohl erleichternde Lesart (Sin. hat *ποταμῶν*) oder
Schreibfehler.

wurde durch das Öffnen der Thore der Untergang der Stadt entschieden.
Auch eine von den Angreifern veranlasste Überschwemmung (B a r h e b r.,
T r o c h o n, K n a b.) ist nicht gemeint, denn die Folge davon könnte
nicht der Fall der Burg und die Wegführung sein, wie der Zusammenhang offenbar verlangt. Ähnlich K l e i n e r t und J e r e m i a s - B i l l e r -
b e c k: die Ströme (Kanäle des Chosar, die im Norden und Osten als
breite Gräben die Stadt schützten) hätten bei Regen und Schneeschmelze ihre Thore (Schleusen und Dämme) durchbrochen, die Stadt
überschwemmt und die Burg zum Einsturz gebracht. Man denkt dabei
an D i o d o r. II, 27, wonach Nineve nur mit Hilfe des Stromes erobert
werden könne. J e r.- B i l l e r b.[1]) glauben, dass in der Geschichte
S a n h e r i b s erwähnte Bab-nari die Einlassschleuse des Kanals sei,
der das Staubecken an der Nordostecke der Festung speiste. Der
Feind musste versuchen, zuerst dieses höchstgelegene Becken abzuleiten
und durch das trockene Bett gegen den Wall heranzurücken. Weil
aber gerade an dieser Stelle nicht so viel Trümmer zu finden sind, als
anzunehmen wäre, wenn dort der Feind eingebrochen wäre, so vermutet B i l l e r b., dass der durch die Schneeschmelze ausserordentlich
angeschwollene Chosar sich nun mit solcher Wucht gegen die Schleusen
auf der Ostseite warf, dass die auf dem Damme stehende Festungs-
mauer einstürzte und der Feind durch diese Bresche eindringen konnte.
— Allein ein elementares Ereignis, das den Angreifern so sehr zu
Hilfe kam, hätte doch bestimmt als solches oder als Werk Gottes ge-
kennzeichnet werden müssen (N o w.). Aber auch abgesehen von dem
ohne Grund angenommenen elementaren Ereignisse kann das Öffnen
der Thore nicht das Zerstören der Schleusen bedeuten, denn damit
wäre nur ein Hindernis genommen, es verblieben noch die Wälle
hinter den Gräben, während nach V. 7 mit der Öffnung der Flussthore
der Fall der Stadt entschieden ist. Daraus ergibt sich, dass nicht
von den Befestigungen des historischen Nineve die Rede ist, sondern
dass ganz allgemein „Flüsse“ synekdochisch als Verteidigungsmittel
einer Stadt genannt sind wie Jes. 33, 21; die Thore der Flüsse sind die
Zugänge zu den Flüssen resp. die befestigten Übergänge, Brücken
(C a l m.); sie werden geöffnet, d. h. die befestigten und gesperrten Übergänge werden erzwungen. Zum Ausdruck vergl. Zach. 11, 1: die
Thore des Libanon werden geöffnet, d. h. der Feind dringt in das Gebiet des Libanon ein. Der Sinn ist wie Jer. 51, 32, wonach gleichfalls mit der Eroberung „der Übergänge“ (über die Kanäle) das Schicksal
der Stadt entschieden ist. Gewöhnlich denkt man an die an den
Flüssen gelegenen Stadtthore, entweder weil sie durch die Fluten unter-
wühlt worden seien (L a p.) — allein ein solches Ereignis ist nirgends
angedeutet — oder weil diese Thore die stärksten seien (von den
Neueren: S t r a u s s, K e i l, N o w.), allein der Feind richtete sicher
den Angriff nicht gegen die stärksten Thore. Bildlich nehmen „die
Flüsse“ für Menschenmenge H i e r., A l b., R i b., S c h e g g (die Thore

---

[1]) Beiträge zur Assyr. III, 1. S. 124 ff., hier auch eine Skizze der Befesti-
gungswerke Nineves.

sind die des menschenreichen Nineve, vgl. 2, 9), ähnlich Hitzig
(die Strassen, die auf Thore ausmünden und in welchen das Volk
flutet V. 9); Sanctius (durch die Breschen drängt der Strom der
Feinde), ähnlich Rosenmüller.

Zusammenhang: die Assyrer flüchten in die Stadt und suchen
von den Mauern aus die Angreifer vom Überschreiten der die Stadt
umgebenden Kanäle abzuhalten. Das misslingt und damit ist der
Schutz der Stadt gefallen und ihr Untergang besiegelt. היכל ist nicht
der Tempel (Syr., Vulg.), auch nicht die Königsburg (allgemeine Meinung), denn beides hätte näher bezeichnet werden müssen, sondern das
Haus des Feindes, das Gegenstück des Hauses Gottes Zach. 9, 8; 2, 9.
Stadt und Haus des Feindes stehen identisch Hab. 2, 9. 12 == feindliche Macht, vgl. Hab. 3, 13 (das Haus des Frevlers). Hab 3. wird
der Feind in derselben Rede verglichen mit Bergen, Flüssen, einem
Hause, dem Meere. Auch Ez. 30, 4 findet sich mitten in anderer Schilderung der Vergleich des Feindes mit einem Hause. נמוג steht im
eigentlichen Sinn: wanken Ps. 75, 4, das Haus wird zum Einsturz gebracht; so LXX: διέπεσε, Vulg.: dirutum und Syr., nur dass die letzteren
„Tempel" übersetzen.

V. 8. הֻצַּב hat sehr viele Erklärungen und Emendationsver-
suche veranlasst, s. Einl. § 4. Es ist nach LXX ὑπόστασις zu lesen
entweder מֻצָּב in der Bedeutung Unterbau (Vollers) oder besser מַצֵּבָה
das Grundgelegte, worauf das Haus ruht, die Grundmauer vgl.
Jes. 6, 13 (die Grundlage des Baumes: der Wurzelstock), Zach. 9, 8,
wo LXX dasselbe Wort mit ἀνάστημα geben, Ez. 26, 11 (LXX
ὑπόστασις); Gal. 2, 9; 1 Tim. 3, 15 (Säule == Fundament). Also:
das Haus wankt und das Fundament wird blosgelegt (Hab. 2, 13) und
heraufgeworfen, d. h. herausgerissen (Ez. 30, 4). Das Haus wird vollständig zerstört. העלתה Hoph. hinaufschaffen, aus der jetzigen Lage
wegschaffen, LXX nahmen das anfangende He als Pronomen היא; mit
LXX, Syr., Chald. ist davor ein Waw zu ergänzen. גלתה Pu. heisst:
entblösst werden, nicht exiliert werden, wie Vulg. und Chald. fälschlich
annehmen. Ganz eigenartig erklärt Jeremias veranlasst durch ein
assyr. Relief und weil es ihm klar (?) ist, dass Huççab die Königin bedeuten muss: die Königin, die in die Kemenate hinaufgestiegen ist, wird
entdeckt. — Allein abgesehen davon, dass das Hoph. nicht hinauf-
steigen bedeuten kann, wäre damit doch eine recht unbedeutende Sache
erzählt, was mit der Hast der Schilderung völlig unverträglich ist.

Ihre Mägde. Schwierigkeit macht das Suff.; gewöhnlich bezieht
man es auf Nineve, allein dieses ist noch nicht genannt und die gewöhnlich ebenso gefassten Suffixe in „ihr Ort" 1, 8 und „ihre Mauer" 2, 8
stehen irrtümlich. Es bleibt nur die Beziehung auf das vorausgehende
„Haus" oder vielmehr auf die Bewohnerin und Herrin des Hauses.
Herrin und Mägde, sonst Mutter und Töchter bezeichnen die Gesamtheit des Volkes. Dieses ist weiblich gedacht; einerseits weil Haus
== Stadt ist, anderseits weil die Einwohner „Weiber" 3, 13 sind.
Hos. 8, 14 wird Israel wohl in demselben verächtlichen Sinn weiblich

genommen [1]). An Töchterstädte (Cyr. Theod., Hier. u. a.) ist nicht zu
denken, denn es handelt sich einzig um das, was unmittelbar nach der
Einnahme Nineves vorgeht. Die Nebeneinanderstellung von: „das
Fundament wird blossgelegt" und „ihre Mägde werden fortgeschleppt"
beweist, dass „Haus" und „Fundament" ebensowenig wie Ez. 30, 4 wörtlich zu verstehen sind, sondern dass das Reich und die Herrschaft gemeint ist, deren Grundlage eben mit der Wegführung des Volkes zerstört ist Ez. l. c. Vielleicht ist bei „Mägde" an die Bundesgenossen
und Söldnerheere gedacht. — Es wird nur der Übergang über die
Flüsse und die Einnahme des Hauses genannt, denn letzteres ist das
Sinnbild der gesamten friedlichen Macht, identisch mit „Stadt", vgl.
Hab. 2, 9, 12. — Als Prädikat zu „Mägde" haben Vulg. u. Chald.
je drei Verba [erstere: minabantur, gementes, murmurantes; letzterer:
abductae, gementes, (columbarum) perstrepentium (super corde suo)],
Syr. hat nur ein Wort (singend מנהמן), während MT. und LXX je
zwei Wörter bieten: מְנַהֲגוֹת und מְתֹפְפוֹת resp. ἤγοντο und φθεγγό-
μεναι. LXX lasen im ersten Falle eine passive Form von נהג fortführen: Niph. oder Pual, im zweiten מְתֹפְפוֹת zwitschernd, seufzend
Jes. 8, 19; 38, 14. Da ἤγοντο nach „das Fundament wird blossgelegt"
sehr gut passt, vgl. Ez. 30, 4, da ferner nahagh im hebräischen nirgends
sonst die Bedeutung „klagen"=הגה hat (diese Gleichsetzung wird allgemein
angenommen), sondern nur die Bedeutung führen „fortführen" Jes. 20, 4;
Gen. 31, 26, da drittens haghah und çaphaph in derselben Bedeutung
auch Jes. 38, 14 vgl. 8, 19 zusammenstehen, da endlich der Parallelismus drei Prädikate verlangt, so ist anzunehmen, dass Chald. und
Vulg. das Ursprüngliche erhalten haben und in MT. und LXX je
eines der beiden ähnlichen, aufeinanderfolgenden Verba ausgefallen ist.
Ursprünglich stand demnach: und ihre Mägde werden fortgeschleppt
(נהגו), wie (mit) Tauben(stimme) klagend (מֶהְגִיוֹת), seufzend (מְתֹפְפוֹת)
tief im Herzen. — Zum Hiph. von haghah vgl. Jes. 8, 19. Durch
Vermengung der beiden ähnlichen Wörter entstand MT. Der Ausfall
zweier Wörter im Syr. deutet auf fortgeschrittene Unordnung im Texte
der Vorlage. עַל לֵב für sich, in sich hinein (vgl. Thr. 2, 20) — malt
schön den willenlosen Trotz, der ein grosses Unglück über sich ergehen
lassen muss, vgl. Ez. 7, 16 (nach Kretschmar). Das tert. comp.
(wie die Tauben) liegt darin, dass das Gurren der Taube den Eindruck
einer ganz in sich verschlossenen Klage macht. — Es ist wohl לִבְבֵהֶן
zu lesen, „wenn nicht ein unregelmässiger Plural mit ausgeworfenem
Jod vorliegt. —

So enthält V. 8 zwei Lang- und zwei Kurzzeilen und erzählt
das Schicksal der Herrin Nineve und ihrer Mägde, d. h. des Volkes.
Vgl. die Mägde der Esther und Judith, die mit diesen gleichsam eine
Person bilden.

V. 9 fasst das Schicksal Nineves abschliessend zusammen: die
Stadt, deren Macht und Reichtum dem Wasserreichtum eines Sees ver-

---

1) Dazu A. v. Scholz, Kom. z. B. des Pr. Hos. S. 111.

gleichbar ist, geht zu Grunde. Wasserfülle ist besonders dem Orientalen das Bild der Macht und der Volksmenge (Cyr., Theod., Hier., Strauss, Knab.). Die Propheten deuten die grossen Wasser auf die Israel feindliche Weltmacht Jes. 17, 12; Nah. 1, 4, 12; Hab. 3, 8—10; Ps. 18, 17. 18; 46; 144, 7. Jer. 51, 13. 14 stehen „grosse Wasser", „reiche Spitze" und „viel Volk" parallel, vgl. Apoc. 17, 1. 15. Das tert. compar. ist nicht das Verlaufen der Wasser nach Durchstechung der Dämme (so Now., nach welchem der V. nicht intakt ist), denn die Durchstechung der Dämme ist hier ohne Grund eingetragen, sondern in der Menge des Wassers, das aber beim Drohen des Herrn (1, 4) flieht, d. h. zurückweicht und austrocknet Ps. 114, 3. 5; Jes. 17, 12 (beidesmal נֻס), vgl. Jer. 50, 38: ihre (Babels) Gewässer vertrocknen. Die Fliehenden sind die Wasser, ohne Bild die Einwohner, darum können in der nächsten Zeile die Menschen als Fliehende angeredet werden. — Wasserteich, Weiher Coh. 2, 6. Mit LXX, Vulg. und zum Teil Syr. (et inter aquas est) ist zu lesen מֵימֶיהָ. MT. מֵימֵי הִיא seit den Tagen, da sie existiert, auch der Chald., aber hierfür erwartete man מֵעוֹלָם (Now.). מֵימֵי ist auch nicht Dittographie des vorausgehenden Wortes (so Wellh., Now.), weil es als Subj. zu „sie fliehen" nötig ist.

3. Strophe 9c—11: Die Plünderung der Stadt.

9c. Stehet! Stehet doch!
doch keiner kehrt sich um.

10 Plündert Gold!
Plündert Silber!
Unermesslich sind die Reichtümer,
[·] die kostbaren Geräte aller Art.

11 Öde, Verödung und Verheerung
und Zagen der Herzen!
Und Wanken der Knie und Zittern
in allen Hüften
Und jegliches Antlitz (* ist wie Feuerbrand*), ·
Glühend rot.

Die Strophe setzt nicht die Schilderung fort, sondern greift, wie oft bei den Propheten geschieht, wieder zurück. Sie versetzt mitten in den Kampf hinein, um, nachdem das Ganze vorher kurz erzählt ist, bei der Ausmalung von Einzelheiten wohlgefällig zu verweilen. —

V. 9. 10. Angeredet sind die Verteidiger, die beim Eindringen des Feindes auseinander stieben und so die Reichtümer und die Einwohner schutzlos preisgeben. Zum Ausdrucke vgl. Jer. 46, 5. 15. Der Sprechende ist nicht Nineve, das seine Söhne um Schutz anfleht (Hier.), auch nicht die assyr. Führer (Strauss, Knab.), denn demselben Sprechenden muss auch die zweite Anrede (Plündert!) zugeschrieben werden, sondern der Seher, dessen Standpunkt über Nineve zu denken ist. Die Anrede ist rein rhetorisch, ebenso wie Jer. 46, 15 die Frage und steht poetisch für die Aussage. Der Seher sieht die Flucht der Vertheidiger und als Folge davon die Plünderung durch die Angreifer.

— Gold und Silber sind die Güter, die Nineve den unterdrückten Völkern geraubt hat 3, 1, die ihm aber jetzt wieder entrissen werden, vgl. Jes. 33,1; Ez. 38, 13; Joel 4, 5; Hab. 2,8. Die Machtmittel des Feindes sind zahllos Judith 2, 17. 18. תכונה Aufstellung, Ausstellung, LXX: κόσμος Vulg: divitiae. Schwierig ist מ כבור (Menge an?). Wellh. und Now. streichen Mem. allein Vulg. las auch „Menge" nicht (ex, besser pro omnibus vasis). LXX: βεβάρυνται lesen eine Verbalform (nach Vollers das Pu.), wozu aber die Verbindung mit ὑπέρ (so mit c. al. u. sin. besser als ἐπί) schlecht passt. Migne bemerkt zu Hier. „Reginae ms. cum Palatinis: pro omnibus vasis, dem entspräche לכל־כלי und das ל wäre von אין קצה abhängig. Das scheint in der That das Ursprüngliche und כברים (so ist mit Syr. zu lesen, der gleichfalls Mem zum Vorausgehenden zieht: immensa sunt omnia vasa), ist Glosse, die nothwendig wurde, als ל zufällig ausfiel; also: zahlreich sind die Gefässe. Später kam βεβάρυνται als Übersetzung dieser Glosse in LXX, wobei ὑπέρ = ל stehen blieb. So erklärt sich die eigentümliche Verbindung mit ὑπέρ. Der ursprüngliche Übersetzer wird wohl ל als Einleitung eines erklärenden Satzes in der Bedeutung „nämlich" vgl. 2 reg. 12, 6 genommen haben. Hier. übersetzt LXX mit aggravata est (Sing. fem.), Chald. (consumite) scheint eine Form von כלה oder אכל zu lesen, was auf Unordnung des Textes deutet. Der Text der Vulg. passt einzig zum Versmasse, wonach die zweite Zeile nicht länger als die erste sein kann.

V. 11 malt die Verwüstung und ihre Wirkung auf die wehrlosen Einwohner. Die Häufung von Wörtern ähnlichen Sinnes und Klanges sowie das Polysyndeton dient zur Ausmalung, vgl. Jer. 48, 43; Ez. 2, 14; Joel 2, 1. Die Wörter sind Subst. (LXX), nicht Verba (Vulg., Syr., Chald., בוק = פקק entleeren, berauben, vgl. 2, 3; בלק öffnen, aufreissen, zerstören. Verzagende, eigentlich zerflossene Herzen, vgl. Jes. 13,7. Wehe in allen Hüften: die Bewohner gleichen kreissenden Frauen, vgl. 3, 13; Jes. 13, 8; 21, 3. Als weiteres Merkmal des Schreckens wird das Sammeln der Gesichtsröte erwähnt, ähnlich Jes. 13, 8: Feuergesichter. Gewöhnliche Übersetzung: sie ziehen die Röte ein d. h. sie erbleichen, allein alle alten Versionen verstehen den Ausdruck von der gesammelten dunklen Glutröte, LXX: ὡς πρόσκαυμα χύτρας (ebenso Joel 2, 6), Vulg.: sicut nigredo ollae, Syr.: ich schwärze das Gesicht wie Russ des Topfes, Chald.: ihr Gesicht ist mit schwarzer Farbe bedeckt wie ein Topf. Auch Jes. 13, 8 ist die Gesichtsröte Symptom des Schreckens, denn die hervorstechende Farbe der Feuerflamme ist rot, vgl. zu 2, 4. Die LA. der LXX als freie Wiedergabe des MT. durch das Bild vom angebrannten, d. h. verdunkelten Topfe — aufzufassen (Schleusner, Vollers) ist unmöglich, da LXX sonst so frei nicht übersetzen; sie lesen, wie schon früher vermutet wurde s. Reinke S. 32 כבער (ה) פרור wie der Brand (Russ) des Topfes. Da aber der Ausdruck ziemlich gesucht und gezwungen ist (der Topf brennt weder, noch wird er verbrannt), so ist dies schwerlich ursprünglich, zumal Syr. u. Chald. noch einen dritten Begriff bieten, s. oben. Es scheint demnach, dass in MT. und in LXX je ein Wort ausgefallen ist und zu lesen ist: פְּנֵי כֻלָּם כְּבַעֵר (ה) — קִבְּצוּ פָארוּר: jegliches Antlitz ist wie Feuerbrand (Jes. 13, 8), — es sammelt Glut, d. h. ist glühendrot. Durch Leichtfertigkeit des Diktierenden oder Nachschreibenden konnte das dritte oder vierte Wort wegen des ähnlichen Anfangs leicht ineinander übergehen, so dass in MT. das erstere, in der Vorlage der LXX das letztere wegfiel. Die weitere Änderung der LXX (פָּרוּר) gab sich dann von selbst; doch stand dieses Wort auch in der Vorlage des Chald. u. Syr. Der Chald. übersetzte seine Vorlage „sie sammeln (oder nach syrischer Bedeutung: werden gesammelt, gehäuft, gefasst?) Brand wie ein Topf", sinngemäss mit „sie sind bedeckt mit Schwärze wie ein Topf". Syr. dagegen scheint mit Umstellung der mittleren Worte gelesen zu haben: ihre Gesichter sammle (mit Röte?) ich wie Russ des Topfes. Oder sollte Syr. zwei Formen von בער gelesen und das eine als Verbum „anbrennen, schwärzen" genommen haben? — So ergeben sich eine Lang- und eine Kurzzeile. Ohne diese Rekonstruktion sind die letzten vier Wörter des MT. nicht unterzubringen.

 4. Strophe V. 12—14: Klagelied über die zerstörte Stadt.

 12. Wo ist des Löwen Wohnung,
  und die Weide der Löwenbrut?
  [Da ging einher der Löwe, die Löwin, das Junge des Löwen,
  ohne dass einer sie störte].

 13. Der Löwe zerriss für seine Jungen
  und würgte für seine Weibchen.
  Und er füllte mit Laub seine Höhlen
  und seine Wohnungen mit Beute.

 14. Sieh ich komme an dich, spricht der Herr [der Heerscbaaren]
  und verbrenne zu Rauch deine Menge*.
  Und deine Jungen frisst das Schwert
  und deinen Raub vertilg' ich von der Erde.
  Und nimmer soll man hören
  deines Reichtums Ruf.

Die letzte Strophe enthält nicht Fortsetzung der Erzäblung, sondern ist in der Form des Klageliedes eine in wohlgefälliger Breite sich ergehende Betrachtung über die Schuld und Vernichtung Nineves.

**V. 12.** Die scheinbar elegische Frage hat den Sinn eines triumphierenden Ausrufs wie Jes. 14, 4: wie ist jetzt dahin..! vgl. Jes. 19, 12; 33, 18; 36, 19. „Löwe" ist häufig Bild des Feindes Jer. 4, 7; 49, 19; 50, 17; Ps. 35, 17. מִרְעֶה Weide scheint zu „Löwenbrut" nicht zu passen und wird (vgl. V. 13) von Wellb. und Now. in מְעָרָה Höhle geändert, aber diese nirgends bezeugte Änderung ist unnötig, denn „weiden" steht öfter für nähren resp. sich nähren Zeph. 3, 13; Hos. 9, 2; Prov. 10 21; Ez. 34. 2. Der Ausdruck passt, weil der Gedanke ist, dass der Löwe da „weidet", wo die Schafherden (die unterjochten Gegner) weiden sollten, weil kein Hirte (König) dem Löwen wehren und die eigene Herde schützen kann 3, 18; Jer. 49, 19. Selbstredend sind Löwe, Löwin, Löwenjunge nicht auf bestimmte Personen, etwa die Könige, Vornehmen, Satrapen (Cyr., Theod., Theoph.), zu deuten, sondern die Auseinanderlegung des Begriffs „Löwe" dient, der Darstellung (Theod. M.), wie auch Wohnung und Weide dasselbe bedeuten. Über die Meinung Billerbecks, dass hier von den königlichen Thiergärten die Rede sei, s. Einl. § 4. הו nach מרעה dient zur Hervorhebung: die Weide, die da eine wahre Weide für die Jungen war. — Sehr auffällig ist der Schluss von V. 12 sowohl formell als inhaltlich. In formeller Beziehung ist „ohne dass einer (sie) störte" offenbar die Kurzzeile, aber es ist unmöglich das Übrige in eine Langzeile zusammenzufassen, wie auch die Abgeschlossenheit von V. 13 es verbietet, etwa eine andere Ordnung der Zeilen zu versuchen. Inhaltlich ist der Satz eine überaus prosaische Erklärung des Vorausgehenden: „wohin ging der Löwe, die Löwin, der junge Löwe, ohne dass jemand schreckte". Andere setzen nach LXX, Vulg. Syr. לבא „wohin der Löwe ging, um dorthin zu gehen, der junge Löwe, — ebenso prosaisch und müssig. Deshalb suchten Hier., Rup., Haimo, Alb. den Worten einen Inhalt abzugewinnen, indem sie unter dem einherschreitenden König Nabuchodonosor verstanden. Unrichtig, denn unter „Löwe" V. 12. 13. 14 kann nicht einmal Nineve und das anderemal dessen Feind verstanden werden. Vorzuziehen ist des Inhalts wegen לביא, wie auch Chald. („hier liessen sie ihre Kinder zurück") gelesen haben wird, aber als Inf. Hiph. mit synkopiertem He. Auffallend ist ferner, dass „junger Löwe" hinter שם ganz lose angehängt ist. Es ist wohl anzunehmen, dass die zweite Hälfte von V. 12 eine die erste erklärende Glosse ist, die ursprünglich lautete: wo der Löwe einherging, von Keinem gestört. Aus V. 13 wurden später „Löwin" und „junger Löwe" eingesetzt, „Niemand schreckt" wird gern gebraucht, um das ungestörte „Weiden". d. h. das unbestrittene Geniessen oder Herrschen auszudrücken Jes. 17, 2; Soph. 3, 13; Deut. 28, 26; vgl. Levit. 26, 6; Jer. 49, 19; Mich. 4, 4; Job. 11, 19.

**V. 13.** beschreibt die Grausamkeit und Unersättlichkeit des „Löwen", der mit Raub seine Wohnung füllt. Solche Betrachtung erhöht die Freude an der endlichen Vernichtung des Feindes. — ברי für den Bedarf, soviel als sie wollen Hab. 2, 13. Zum Gedanken vgl. 3, 1.

**V. 14** schliesst mit einem Gottesspruche, der die Sicherheit begründet, mit welcher V. 12 die Zerstörung Nineves, als ob sie bereits geschehen wäre, beschrieben wird. — Siehe ich will an dich, vgl. 3, 5; Jer. 50, 31; 51, 25; Ez. 28, 22, oft Einleitung des göttlichen Gerichtswortes. צבאות das die Ziele allzulange macht, ist wohl, wie oft, späterer Zusatz[1]. Das Suffix in אליך ist wohl männlich zu vokalisieren, weil die beiden folgenden unregelmässigen Suffixe כה (s. unten) nur männlich sein können (Wellh., Now.[2]). Statt רכבה (Vug.: quad-

---

1) A. Scholz, Die alex. Übersetzung des B. Jesaias 1880 S. 22.
2) Ges. — Kantzsch, Hebr. Gr. § 91, 1 Anm. 2 und 2 Anm. 2.

rigas tuas) lesen LXX (πλῆθος σου) und Syr. mit Umstellung eines Konsonanten richtig רבכה = רבך deine Menge. „Wagenzug" ist nicht brauchbar, denn das Bild vom Löwen ist von V. 12 an beibehalten, jedenfalls nimmt sich „Wagen" neben „junge Löwen" sonderbar aus, wie auch die Wagen kaum allein für Kriegsmacht stehen würden. „Die Menge" ist die grosse Volkszahl, auf die der Feind stolz ist 3, 15, 16; Jer. 51, 14 u. o. und die Menge der beraubten Völker u. ihrer Güter; vgl. Ez. 27, 33 wo LXX das Hebräische „die Menge deiner Schätze" einfach mit „deine Menge" übersetzen. Auch Ez. 27, 34 wird die Menge und der Reichtum des Feindes im Gerichte vernichtet. Das Mittel der Vertilgung des Feindes ist Feuer und Schwert 3, 15; Judith 16, 4. 17. Zu Rauch Ps. 37, 20, vgl. Jes. 34, 10; Apoc. 18, 8. 9 fasst den Ausdruck eschatologisch. מלאבכה wird als unregelmässige Form des Plur. mit abnormem Suffix erklärt, also statt מלאביכי (Olsh.) oder statt מלאבכה (Now.) oder Schreibfehler für מלאביך. Allein der Gedanke, dass die Boten Nineves nicht mehr an die unterworfenen Völker gesandt werden, ist dem Zusammenhange ganz fremd und passt nicht zum Bilde vom Löwen. Überdies soll V. 14 offenbar gesagt werden, dass dem V. 12, 13 geschilderten Treiben des Löwen ein Ende gemacht und seine Erfolge aufgehoben werden sollen. LXX (u. Syr.) haben τὰ ἔργα σου, was nach Jes. 14, 20. 22; 26, 14 bedeuten könnte, dass selbst die Erinnerung an den Feind verschwinden soll und sein Thun vergeblich und ohne Dauer ist Zach. 13, 2; Sap. 19. Allein da auch das nicht zum Bilde passt, lasen LXX m. E. מלאכתך oder כה, was sie fälschlich als Plur. vokalisierten ἔργα σου, während richtig „deine Habe, dein Besitz" Ex. 22, 7. 10 zu übersetzen ist. Das Suffix כה spricht für einen Singular. In MT. ist also nur ein ת ausgefallen. קל fiel infolge von Happlographie wegen des folgenden ähnlichen מל aus. — So genommen spricht das Gotteswort das Gericht zweimal über das Volk (Menge — junge Löwen) und zweimal über seinen Besitz (Raub — Vermögen), auf den es stolz ist, aus. Dass die Vernichtung des Raubes am Schlusse steht, passt gut zu dem Umstande, dass zu Anfang des Kapitels der Feind kurz als Plünderer und Räuber bezeichnet wird V. 3. Raub und Unterdrückung ist überhaupt das Wesen des Feindes Hab. 1, 6. 9. 14—17; 2, 6—17. Darum besteht die Strafe darin, dass ihm der Raub wieder abgenommen (Hab. 2, 8) oder vernichtet wird (Hab. 2, 13). Damit ist Israels Glanz wieder hergestellt (2, 3), denn der Raub besteht vor allem in der versuchten und zum Teil erreichten Wegnahme geistiger Güter, der nationalen und religiösen Freiheit (3, 4).

# III. Kapitel.

Kap. 3 besteht aus zwei ungleichen Abschnitten: 1, 1—7 und
1, 8—19 [1]). Beide Abschnitte sind eingeleitet durch je eine alleinstehende Zeile, die sich wie zwei Posaunenstösse ausnehmen und den
Inhalt der folgenden Rede kurz angeben; sie stehen wie Inschriften:
1 a Wehe der Blutstadt!; 8 a Bist du stärker als Amon? Der erste
Abschnitt enthält das Thema im allgemeinen: die Schuld und Strafe
Nineves in zwei Strophen (1—4; 5—7); der zweite Teil schildert in
4 Strophen (8—11; 12—15 b; 15 c—17; 18—19), wie das Vertrauen
des Feindes auf seine Macht zu nichte wird. Die letzte Strophe ist
ein Triumphlied über den Untergang Nineves, aus dem es keine Rettung
gibt (18—19). Strophe 1 und 2 umfassen je 6 Verse, Str. 3 und 4
je 6 und Str. 5 und 6 je 5 Verse. Die Verse enthalten je zwei
Zeilen, von denen die zweite in der Regel die kürzere ist, d. h. weniger
betonte Wörter aufzeigt.

Die für sich als einzige Zeile alleinstehende Frage 3, 8 setzt voraus, dass damit auf ein bekanntes zeitgeschichtliches Ereignis hingewiesen wird, das geeignet ist, Israels Hoffnung zu stärken.

### I. Teil V. 1—7.
### Sünde und Strafe Nineves.

1. Strophe V. 1—4 (Wehelied).

   1.        Wehe der Blutstadt!

                  \*    \*    \*

      Ganz ist sie Trug, voll der Gewaltthat,
        ohne Ende ihr Rauben.

   2. Horch Peitschenknall, horch Rädergerassel!
        und einherrasende Rosse und aufhüpfende Wagen,

   3. Anspornende Reiter und blitzende Schwerter
        und blinkende Speere und eine Fülle Erschlagener
     Und eine Menge von Toten und kein Ende der Leichen.
     Man strauchelt über die Leichen.

   4. Wegen der Menge der Buhlereien der Buhlerin, der schönen,
        der kundigen Zauberin,
     Die da die Völker verkauft mit ihren Buhlereien
        und mit ihren Zaubereien die Nationen.

Wehe der Blutstadt! ist die Überschrift des Kapitels und zugleich
Einleitung der ersten Strophe. Diese ist gebaut wie die Wehestrophen

---

[1]) Vgl. die ähnliche Gliederung bei Hoseas: Kap. 1—3; 4—14. Auch hier
sind einzelne, ausserhalb des Parallelismus stehende Zeilen verwendet, aber nicht
zur Einleitung der Teile, sondern zur Abgrenzung der Strophen, s. A. v. Scholz,
Komm. z. B. d. Pr. Hoseas S. XXXVII.

Hab. 2, 6—8; 15—17. Zuerst wird die Schuld genannt, dann die
Strafe verkündet und schliesslich noch einmal in anderen Worten die
Schuld erwähnt. Letzteres geschieht bei Hab. und Nahum mit derselben Wendung: wegen . . . . Dieser abschliessende Ausruf kann nur
den Sinn haben: das vorausgeschilderte Gericht hat der Feind wohl-
verdient wegen . . . . Die Einheit der Strophe verlangt aber, dass die
am Anfange und am Ende derselben genannte Schuld identisch sei,
so dass Blutschuld, Trug, Gewalt = Buhlerei und Zauberei sein muss.
Auch Hab. l. c. ist Gewaltthat, Mord = Verführung, Unterjochung der
Völker[1]). Apoc. 18, 23. 24; 19, 2 nimmt sichtlich auf Nah. 3, 1. 4. 16
Bezug und erklärt die Blutschuld an den Heiligen und die Verführung
der Völker durch Unzucht und Götzendienst (Zauberei) als die Sünde
des eschatologischen Babel. Der Mord ist ein geistiger (Trug, Hier.:
deceptio), ohne dass aber äussere Zwangsmittel ausgeschlossen wären.

V. 1 רמים Blutschuld, Ex. 22, 1; Hab. 3, 8. פרק Spaltung,
Trennung, Zerreissen (Vulg.: dilaceratio, Sym.: ἀποτομία, Aq.: ἐξαυ-
χενισμός), Gewaltthat (LXX: ἀδικία, ähnlich Syr., Chald.). Strauss
und Now. halten כחש und פרק für Asyndeta, beide abhängig von
מלאה; doch wären in diesem Falle die Wörter wohl durch Waw verbunden. Besser: ihre Gesamtheit, sie ganz und gar (Jes. 22, 1; Mich.
2, 12) ist Trug, voll der Gewaltthat. „Trug" (Substantiv) steht statt
des prädikativen Adjektives zur Hervorhebung des Begriffes (Chald.,
Syr.). So stehen sich die beiden Glieder: „ganz Trug" und „voll der
Gewalt" schön gegenüber (alle alten Übers.). מוש hier intransitiv:
weichen, nachlassen, aufhören, Ps. 55, 12; Ex. 13, 22; Zach. 14, 4;
Jos. 1, 8. Raub = Rauben, entsprechend den parallelen Ausdrücken.

V. 2. 3 versetzt uns in ungemein anschaulicher Schilderung
mitten in den Vollzug des angedrohten Strafgerichtes durch die heran-
stürmenden Feinde.

V. 2. קול Interjektion, Jes. 40, 3, ist nur zu den beiden ersten
Subst. zu ziehen (gegen LXX), denn sonst wäre es wohl beim dritten
statt beim zweiten Subst. wiederholt worden. Die Schilderung besteht
aus lauter Ausrufen. דהר rennen, Jud. 5, 22. רקד aufhüpfen bezeichnet die Eile der durch die Terrainunebenheiten hin- und her-
geworfenen Wagen, Joel 2, 5. Beachte das Wortspiel מרכבה — מרקדה!

V. 3 beschreibt das Thun der Bemannung der Gespanne und
den Erfolg des Angriffs. Die Reiter und Rosselenker treiben zur
Eile; מעלה nicht: heraufsteigen (LXX, Vulg.), sondern: aufsteigen
machen, die Rosse anspornen (Chald.: מפיק producens, Syr.: agens).
Schwerter und Speere stehen synekdochisch für Waffen, wie Hab. 3, 9
der Bogen. Mit „eine Menge Erschlagener" geht die Erzählung zur
Niederlage der Assyrer über, deren Grösse durch drei synonyme Glieder
hervorgehoben wird. Die vierte Zeile: man strauchelt .. bringt nicht
ein neues Moment, sondern veranschaulicht das Vorausgehende (Hitz.);
deshalb ist mit MT. (Ket.), Chald., Syr. das einleitende Waw bei LXX

---

[1]) Happel, d. Buch des Proph. Hab. S. 43 u. oben Einl. § 3, 3.

und Vulg. zu streichen. Sinn: so zahlreich sind die Leichen, dass man darüber strauchelt (Strauss).

V. 4 sagt abschliessend, dass Nineve sein Schicksal verdient hat. Darum ist es falsch, wenn Hier. V. 2—3 das grausame Vorgehen der Assyrer gegen die Feinde geschildert findet. V. 4 bringt aber keinen neuen Grund des Unterganges, sondern erklärt Trug, Gewalt, Raub V. 1 mit Hurerei und Zauberei, s. V. 1. Unter Hurerei „betrügliche Freundschaft und arglistige Politik‟ (Hitz., Keil, Now.) zu verstehen, ist schon wegen des parallelen „Zauberei‟ unmöglich. Zauberei bedeutet wie Hurerei bei den Propheten Götzendienst, vgl. Jes. 47, 9. 12; Mich. 5, 11; dazu Apoc. 18, 3. 23. 24; 19, 2, wonach Verführung durch Zauberei, durch Unzucht und Tötung der Knechte Gottes identisch sind. Dieselben Worte stehen 2 (4) reg. 9, 22 (die Hurereien und Zaubereien Jezabels) und werden Apoc. 2, 20 mit Götzendienst erklärt! Dass Nah. 3, 4 Zauberei = Götzendienst ist, ergibt sich klar daraus, dass in der parallelen Strophe V. 5—7 neben der Strafe für die Hurerei (Entblössung) die Strafe für den Götzendienst angekündigt wird. מכר nach arab. Wurzel mit Hitz. u. a. als „umgarnen‟, „bestricken‟ zu nehmen, ist nach dem hebr. Sprachgebrauche unzulässig. „Verkaufen‟ bedeutet nach Deut. 32, 30; 1 (3) reg. 21, 20. 25; 2 (4) reg. 17, 17: jemand in feindliche Gewalt bringen, zum Sklaven machen, vgl. 1. Macc. 1, 16. An wen die Völker verkauft wurden, ist durch den Zusammenhang klar: an die Götzen, vgl. die angef. Stellen. Durch die „Schönheit‟ der Zauberin, d. h. durch den Reiz des Naturkultus, durch Versprechungen u. s. f., wurde Propaganda für das Heidentum gemacht. Der Sinn ist wie Dan. 11, 32 (durch Ränke zu Heiden machen; vorher ist משכיל genannt, vgl. Nah. 3, 6). Von einem Versuche der geschichtlichen Assyrer, den Völkern ihre Götter aufzudrängen (so erklären die Alten, auch Knab.), wird nichts berichtet. Die Inschriften, aus welchen man[1] dies folgern will, sagen nur, dass die Assyrer die Götter der besiegten Völker mit sich nahmen und die eigenen aufstellten. Allein das war nichts anderes als eine Huldigung für die siegverleihenden Götter. — Auch kann V. 4 nicht so verstanden werden, dass in ihm der schlimme Einfluss des assyr. Götzenkultus auf die Nachbarvölker, besonders Israel, getadelt werden soll, denn in diesem Falle läge die Schuld an den letzteren und das ganze Buch setzt ein von Götzendienst im ganzen freies Israel voraus. — Zu בעל mit folgendem Nomen vgl. z. B. Jes. 41, 15. Zauberei heisst der Götzendienst, weil er objektiv ein Bund mit dem Widergott ist.

2. Strophe: V. 5—7.

5. Ich will an dich, spricht der Herr der Heerscharen, und will aufdecken deine Schleppe über dein Angesicht.

---

[1] Z. B. Knabenbauer in proph. min. II. p. 37; Kaulen, Einleit. i. d. hl. Schr. 3. Aufl. S. 266. Auch wenn das Buch Judith historisch verstanden wird, darf 3, 8 (13), wonach Nabuchodonosor der einzige Gott sein will, nicht buchstäblich genommen werden, denn ein assyrischer König hätte es nicht gewagt, sich selbst als einzigen Gott zu proklamieren, schon des eigenen Volkes wegen.

Und will die Völker sehen lassen deine Blösse
und die Reiche deine Schande.

6. Und ich werfe auf dich [.] deine Äser*
und ich mache dich zum Schaustück.

7. Und jeder, der dich sieht,
flieht vor dir
Und ruft „verwüstet ist Nineve.
Wer wird es betrauern?"
(Ja) woher soll ich (Leute) nehmen,
die dich trösten?

V. 5 begründet die Sicherheit des Strafgerichtes durch ein Gotteswort. Die Entblössung ist die gewöhnliche Strafe für die „Hure",
vgl. Jes. 47, 2. 3; Jer. 13, 22. 26; Hos. 2, 12. Verschärfend ist die
Entblössung vor den Augen der Buhlen, d. h. der bisher befreundeten
Völker, die nun Zuschauer oder gar Vollstrecker des Strafgerichts
werden. Nacktheit ist überhaupt auch ohne Verbindung mit dem Bilde
der Hure das Bild der Schmach und Schwäche, vgl. Ex. 32, 25; Jes.
3, 17; 20, 4; Hab. 2, 15; Apoc. 16, 15. Die Kleider Israels sind nach
Hos. 2, 11; Ez. 16 die Gnadengaben Gottes. עַל־פָּנוּךְ bedeutet wohl
nicht „vor dir, so dass du es mit ansehen musst" (Now.), sondern ist
nach Jes. 20, 4 (discoopertis natibus) zu verstehen (LXX), die pudenda
sind völlig aufgedeckt.

V. 6 verkündet die Strafe für den Götzendienst (Zauberei), der
freilich mit der Buhlerei identisch ist. Gewöhnlich übersetzt man: ich
bewerfe dich mit Unrat und verunehre dich — allein die angenommene
Sitte, die Huren zur Strafe mit Schmutz zu bewerfen, ist nicht nachweisbar; ferner wäre „ich verunehre dich" nach „ich bewerfe dich mit
Unrat" allzu schwach und gleichsam nachhinkend und endlich bedeutet
שִׁקֻּצִים nicht Unrat, sondern levitisch unreine Dinge und bei den
Propheten: Götzen, Jer. 4, 1; 7, 30; 16, 18; Hos. 9, 10; Ez. 20, 7. 8;
Dan. 11, 31; Zach. 9, 7; vgl. Jes. 30, 22; Apoc. 17, 5. Es könnte
demnach der Sinn sein: ich begrabe dich unter deinen Götzen, Äsern
(Klein.), vgl. Jes. 14, 19 (bedeckt von Äsern), so dass du selbst ein
Aas, d. h. ein Gegenstand des Abscheus, wirst, Hos. 9, 10; Mal. 2, 3
(ich werfe auf dich Mist). Jedoch vermisst man nach Jer. 4, 1; 7, 30;
16, 18; Ez. 20, 7; Zach. 9, 7 zu Gräuel oder Götzen eine nähere Bestimmung, z. B. deine Götzen. Wirklich scheint der Text nicht ursprünglich; LXX lasen das folgende נִבַּלְתִּיךְ nicht als Verb., sondern
als Subst. und verbanden es nicht mit Waw, sondern mit כ: κατὰ
τὰς ἀκαθαρσίας σου, was keinen guten Sinn gibt. M. E. stand ursprünglich nur נִבַּלְתֵּךְ deine Äser und שִׁקֻּצִים ist dazu erklärende
Glosse nach Jer. 16, 18, die später in den Text kam, worauf noch die
in MT. und LXX verschiedenartige Verbindung mit dem Früheren hinweist. Wenn beide Wörter ursprünglich sind, so müssten sie wohl wie
Jer. 16, 18 umgestellt werden. Besser als die obige Erklärung ist es aber, שִׁלֵּם־עַל als Verstärkung von שׁוּב־עַל einem etwas vergelten, Ps. 94, 23; Hos. 12, 15

(mit לְ) und von נָתַן־עַל (Ez. 7, 3: ich lege auf dich deine Greuel) zu fassen. Ganz ähnlich Hos. 12, 15: seine Blutschuld schleudert (נָטַשׁ) der Herr auf ihn und seine Schmach vergilt (שׁוּב) er ihm; derselbe Sinn Mal. 2, 3: ich werfe auf euch Mist, den Mist euerer Feste (es ist nicht mit Now. an den Mist der Opfertiere zu denken, sondern die falsche Festesfeier ist Unrat, Greuel in Gottes Augen). שָׁלַךְ־עַל bedeutet auch sonst: einem etwas als Last auferlegen, Ps. 55, 23; 22, 1. Weil die Götzen Äser sind, so werden es auch ihre Verehrer, sie werden zu Mist, Jer. 8, 2 u. ö., und bleiben unbegraben liegen, Jes. 66, 24 [1]). Auf letztere Stelle geht der nächste Satz zurück: ich mache dich zum Schaustück, d. h. zum Gegenstand der Verachtung und zum Denkmal der Gerechtigkeit Gottes. Vgl. Jes. l. c. רְאוּ; רֹאוֹן (LXX εἰς ὅρασιν = לִרְאִי), Ez. 28, 17—19; Mat. 1, 19 παρά-δειγμα.

V. 7 erklärt „Schaustück" und Jes. 66, 24 näher, indem er schildert, was die das Gericht Schauenden denken und thuen: sie werden sich entsetzt abwenden und sich über das Schicksal Nineves freuen. רָאַיִךְ ist mit den Vers. als Sing. zu punktieren. נָדַד von jemand wegfliehen, Ps. 31, 12, vgl. Jer. 50, 8; 51, 6. 9; Apoc. 18, 4: die Unterjochten sagen sich los, Jes. 47, 15. Der Spruch ist ein Freudenschrei und die Begründung desselben wie Apoc. 18, 20: jeder hat durch Nineve gelitten, keiner hat Mitleid (3, 19).

Der Sprechende in den folgenden zwei Zeilen ist wieder Gott, der das Urteil der Schauenden bestätigt: ja, wer sollte dich trösten, d. h. dir helfen wollen und können? Die Frage ist nur der Form nach elegisch, in der That aber ironisch wie Jer. 51, 8. Der Sinn ist wie Hos. 2, 12; Jer. 7, 33; 46, 11; Jes. 47, 15: niemand kann helfen. — In der 4. Zeile (7 d) ist mit MT. und LXX gegen die anderen Versionen die 3. Pers.: לָהּ zu lesen, in der 6. Zeile (7 f) gegen LXX die 2. Pers.

## II. Teil V. 8—19.

### Das Vertrauen Nineves auf seine Machtmittel ist eitel, sie werden es vor dem Gerichte nicht schützen.

1. Strophe V. 8—11: Nineve wird das Schicksal der „Menge" (Amons) teilen.

8. Bist du stärker als die [.] „Menge"?

\* \* \*

Sie wohnt an den Strömen,
Wasser rings umher.
Ihr Wall ist das Meer,
Wasser* ihre Mauern.

---

[1]) Denselben Sinn hat nach Hartung (d. Proph. Am.) Am. 4, 3: ich werfe sie zur Menge, s. unten Anm. S. 96.

9. Kusch ist deine Stärke und Ägypten entrinnt* nicht,
(Kusch ist deine Stärke und Ägypten und zahllos sind
deine Helfer,)
auch die Libyer sind deine Bundesgenossen.

10. Sowie sie dahingeht ins Exil, in die Gefangenschaft,
sowie ihre Kinder zerschmettert werden an allen
Strassenecken
Und man über ihre Grossen das Los wirft
und ihre Vornehmen in Ketten schlägt:

11. So wirst auch du trunken und* verachtet sein,
so wirst auch du Schutz suchen vor dem Feinde.

V. 8. Auf die Ankündigung des Gerichtes V. 1—7 denkt sich der
Prophet eine stolze Antwort Nineves, worin sich dies auf seine Macht
beruft. Rhetorisch schön übergeht der Prophet diese Einrede und
bringt sofort die Widerlegung derselben. Diese besteht darin, dass
er auf den Untergang der mindest eben so starken „Menge" hinweist,
deren Schicksal N. teilen werde. — Bist du besser, d. h. stärker? Dieselbe Frage Am. 6, 2.

מִנֹּא אָמוֹן gewöhnlich: (bist du stärker) als No Amon? Darunter
versteht man seit Bochart, geogr. sacr. 1681 I, 1 p. 6, sq., und Pet.
Zorn, opusc. 1731 II p. 329 sq., das oberägyptische Theben, die
Ammonsstadt[1]), während Brugsch dict. géog. de l'anc. Égypte p. 291
damit das im Delta gelegene Διόσπολις verstanden wissen will. Die
Älteren dagegen übersetzen nach dem Vorgange von Chald. und Hier.
No mit Alexandria und verstehen darunter eine an der Stelle oder in
der Nähe der späteren Hauptstadt gelegene feste Stadt. Gegen die
neuere Ansicht spricht, dass Theben nirgends No Amon heisst, sondern
assyr.: Niu, während der heilige Name P-amen Haus des Amon ist,
was aber jeden Amonstempel bezeichnet[2]). In der Schrift heisst die
Stadt נֹא, Jer. 46, 25; Ez. 30, 14. 15. Zwar steht נֹא und אָמוֹן auch
Jer. 46, 25 zusammen (Ez. 30, 15 נֹא und הֲמוֹן), aber einmal stehen
hier die Wörter in umgekehrter Reihenfolge wie Nah. 3, 8 und zweitens
steht dort הֲמוֹן in der Bedeutung „Menge", wie die Parallelstellen Ez.
30, 10; 31, 2. 18; 32, 31 (Menge Ägyptens, Pharaos) beweisen; אָמוֹן =
הֲמוֹן wie Jer. 52, 15. Dass übrigens Nah. 3, 8 ein Hinweis auf die
um 660 erfolgte Eroberung von Theben (No) nicht passt, s. Einl. Und
wirklich ist hier No nicht ursprünglich, wie uns zum Glück Hier.
überliefert hat. Nach seiner, m. W. bisher noch nicht gewürdigten
Bemerkung (comm. ad. Nah. 3, 8) war die überlieferte Übersetzung
(caeteri interpretes transtulerunt!): numquid melior es ab Amon? und
„No Amon" eine (vielleicht durch Jer. 46, 25 und Ez. 30, 15 veranlasste rabbinische Emendation: hebraeus qui me in Scripturis erudivit,
ita legi posse asseruit: numquid melior es quam No, Amon? et ait

---

1) Vgl. O. Strauss, Nah. de Nino vatic. 1853 p. 103; Beiträge z. Assyr.
I, 596 ff.; Schrader, Keilinschr. u. Alt. Test. 2. Aufl. S. 450 ff.
2) Brugsch, Geogr. Inschr. I, 177.

hebraeice No dici Alexandriam, Amon autem multitudinem sive populos et esse ordinem lectionis: numquid melior es ab Alexandria populosa sive populorum? Hier. betrachtet No als identisch mit Amon, denn er sagt einige Zeilen später: Amon sive No und spricht von urbs Amon. Der ursprüngliche Text war also: מִן אָמֹן מְן, so dass der MT. durch Dittographie des Aleph entstanden wäre, oder vielmehr nach. den Versionen: מְנִי אָמֹן, wobei das erstere Wort poetisch für מִן stand wie Jes. 46, 3; Ps. 44, 11. Daraus erklären sich leicht die drei griechischen Lesarten und die des Syr. Indem מְנִי Teil, Schicksal, Jes. 65, 11, gelesen wurde, entstanden die L. A. μερίδα und μερίς (letzteres an 2. Stelle einige Handschr., auch Sin. 2. 5, Polygl. Complut. und Par., die griech. Vorlage des Hier., ed. Aldina) Ἀμμών. Die L. A. χορδήν beruht auf כְּנִי, Ps. 45, 9, oder מִנִי (st. constr.), Ps. 150, 4. Auf jede dieser L. A. folgte ursprünglich אָמֹן, das später, als die L. A. nebeneinander gestellt wurden, eben dadurch von den beiden ersten getrennt wurde. Dadurch wurde das Verständnis erschwert. Der Syr. (an melior es quam Javan Amon?) hat das Jod in מִנִי als Abkürzung von יִון genommen. — הֵתִיטְבִי (anormales Kal von יטב gut, gutgestellt sein, s. Ges.-Kautzsch § 70, mit der Fragepartikel) wird von LXX übersetzt mit ἑτοιμάσαι (μερίδα) und ἁρμόσαι (χορδήν), worunter nur Optat. Aor. verstanden werden können. Allein da MT., Chald., Vulg. auch in 3, 9 d die Anrede aufzeigen, da ferner c. alex., sin.², der Araber, ed. Ald., Cyr., die griech. Vorlage des Hier. 3, 9 b (φυγῆς) σου bieten und der Zusammenhang in 3, 8 die Anrede verlangt, so ist diese mit MT., der griech. Vorlage des Hier. („apta"), der Pariser Polygl. (ἅρμοσον) als ursprünglich anzunehmen. Die richtige L. A. der LXX ist also: ἑτοιμάσαι μερίδα Ἀμῶν bereite dir (Imp. Aor. med.), d. h. bereite dich vor auf den Anteil, das Schicksal (Sap. 1, 16; 2, 25) Amons[1]), dir wird es ebenso ergehen. הֵתִיטְבִי wurde als Imp. Hiph. genommen: herrichten, vorbereiten, Ex. 30, 7; 2 reg. 9, 30; Jes. 23, 16. Der Sinn ist trotz unrichtiger Übersetzung völlig getroffen. Varianten waren ἑτοίμασαι μέρις Ἀ. und ἅρμοσον χορδήν Ἀ., wobei Amon als Nomin. behandelt und bei letzterer wohl an Jes. 26, 16 gedacht ist. Hier. bringt in seiner Übersetzung der LXX nur die beiden ersten (in einander verarbeiteten) L. A: apta chordam pars Ammon, zeigt aber in der Erklärung, dass er auch die dritte kennt: considera (Ninive) enim omnem partem sortis filiorum Ammon! Später wurde ἑτοιμάσαι (Paroxytonon, Opt. Aor.) gelesen und nun musste die Anrede vor V. 11 als lästig erscheinen und wurde in V. 9 beseitigt, was aber nicht sofort und überall geschah, wie die angeführten Reste beweisen. Bemerkenswert ist jedenfalls, dass die griech. Vorlage des Hier. und Complut. sowohl 3, 8 als 3, 9 (fugae tuae) die Anrede bieten.

---

1) Amon ist als Eigenname der Stadt oder ihrer Bevölkerung verwendet wie schon Jer. 46 (26), 25: τὸν Ἀμμών τὸν υἱὸν αὐτῆς, denn an den Gott Amon ist nicht zu denken, weil dieser nicht der Sohn, sondern der Vater des Volkes ist. Auch hier ist Ἀμμών nicht dekliniert.

הָמוֹן = אָמוֹן (Hier.) wie Jer. 52, 15; 46, 25: die Menge. Dies Wort wird oft zur Bezeichnung des Feindes gebraucht und zwar meist von Ägypten, Jer. 46, 25; Ez. 30, 10. 15; 31, 2. 18; 32, 18. 19. 31. 32; von Gog Ez. 39, 11. 15 (zweimal). 16; von feindlichen Völkern überhaupt, Jes. 17, 12; 29, 5. 7. 8; 60, 5; Jer. 51, 42; Ps. 65, 8. Die letzteren Stellen geben auch den Grund zu dieser Bezeichnung an: die Ähnlichkeit der Volksmenge und ihres stolzen Ungestümes mit dem brausenden Meere und dem wogenden Strome, vgl. Jer. 46, 7. Die Grundbedeutung von הָמָה ist erregt sein, wogen, brausen, toben. Vom Toben und Brausen des Meeres steht das Wort z. B. Ps. 46, 6; 65, 8; Jes. 17, 12; 51, 15; Jer. 5, 22; 31, 35; 51, 42, wohl auch Jer. 10, 13; 51, 16; auf das Wogen der Volksmenge angewandt Jes. 17, 12. 13; 60, 5. So ʻhat Hamon oder Amon gleiche Bedeutung wie רַהַב, das Ps. 87, 4; Jes. 30, 7; 51, 9 Name Ägyptens ist und ein Seeungeheuer, Job. 26, 12, und das tobende Meer selber bedeutet[1]). Demnach liegt es nahe, Amon als schmähenden Namen Ägyptens zu betrachten, zumal Hamon, von Israel gebraucht, gleichfalls verächtlichen Sinn hat, Jes. 5, 13; Jer. 52, 15. Nach Am. 4, 3 scheint das Wort geradezu term. techn. für den dem Gerichte verfallenen Feind gewesen zu sein[2]), ähnlich Joel. 4, 14 (im Plur.). Nah. 3, 8 kann nur Ägypten gemeint sein, wie die nähere Schilderung beweist, vgl. Jes. 19, 5. 6; Jer. 46, 7; Ez. 29, 3. Deshalb braucht auch bei Amon kein erklärendes Wort, z. B. Ägyptens, Ez. 32, 18, zu stehen. Der Sinn von 3, 8—11 wäre demnach: Ninive wird ebenso dem Gerichte verfallen wie das wenigstens ebenso mächtige Ägypten. Voraussetzung ist, dass das künftige Gericht über Ägypten (denn 3, 10 ist von der Zukunft die Rede, s. die Erkl.) feststeht, d. h. durch die Prophetie verbürgt ist, wie ja thatsächlich Ägypten immer als Repräsentant des Feindes neben Assur und später Babel erscheint, Hos. 9, 3; Ez. passim; Zach. 10, 10. Ein derartiger Hinweis hat für den Israeliten grosse Beweiskraft. In diesem Sinn könnte man an eine kirchenfeindliche Macht mit Apoc. 18, 18 die Frage stellen: „Wer ist der grossen Stadt gleich?" — und doch wird sie (das endzeitliche Babel) fallen, umsomehr die zeitgeschichtlichen Repräsentanten der Weltmacht. So betrachtet, müsste wohl Nah. 3, 8—11 abhängig von der Weissagung des Jeremias und Ezechiel gegen „die Menge Ägyptens" sein, denn bei diesen steht die Weissagung im Zusammenhang und historisch begründet, während Nahums kurzes Wort den Eindruck eines Hinweises auf etwas Bekanntes macht.

Doch scheint mir die Beziehung auf die „Menge Ägyptens" daran zu scheitern, dass die Schilderung 3, 8 nur auf eine ägyptische (יְאֹרִים steht ausser Jes. 33, 21, wo bildlicher Ausdruck vorliegt, nur von den Nilarmen) Stadt passt: Wasser rings darum, Mauer und יֵשֶׁב, das in demselben Zusammenhange Ez. 27, 3 von Tyrus steht, vgl. Ez.

---

[1]) Vgl. Gunkel, Schöpfung und Chaos S. 29.
[2]) Hartung, der Proph. Am. S. 83 übersetzt 4, 3: ich werfe euch zur Menge (Ez. 39, 11—16) und hält הָרִמֹנָה für dialektische Form statt הָמוֹנָה mit eingeschobenem ר wie in דַּרְמֶשֶׂק.

28, 2.   Auch Ez. 30, 15; Jer. 46, 25 bezeichnet Hamon resp. Amon
die Volksmenge einer Stadt.

Auf das oberägyptische Theben, *Διόσπολις*, passt die Beschreibung
ganz und gar nicht.   Wenn auch Nilkanäle seine Bedeutung als
Festung erhöhten, so kann doch darin seine Stärke nicht allein oder
hauptsächlich gelegen sein, wie die Schilderung verlangt.   Auf Be-
festigungswerke Thebens weist Ez. 30, 16 (בקע) hin, Nah. 3—8 aber
(sein Wall ist das Meer, Wasser seine Mauern) scheint solche geradezu
auszuschliessen oder doch als nicht ins Gewicht fallend hinzustellen.
Wenn darauf hingewiesen wird[1]), dass Theben an beiden Ufern des
hier 1500 Fuss breiten Nil liegt, so erscheint es gerade dadurch um
so schwieriger, dass die Stadt ringsum von Wasser umgeben war.   Es
hat deshalb Brugsch[2]) nach dem Vorgange von Kreenen auf das
unterägyptische, im Delta gelegene *Διόσπολις* hingewiesen, das nach
Strabo 17. 802 von Seen umgeben war.   Doch kann diese Stadt schon
wegen ihrer geringen Bedeutung nicht in Frage kommen, selbst wenn
No 3, 8 ursprünglich wäre.   Es kann die nicht näher benannte Stadt
nur die bekannte, die Hauptstadt Ägyptens sein und sie muss eine
Lage haben wie Tyrus: inmitten des Meeres, Ez. 27, 4. 25. 26. 32;
28, 2, worauf sie ihre stolze Sicherheit baut, 28, 2.   Das alles trifft
allein zu bei der Hauptstadt des ptolomäischen Ägypten: Alexandria.
Auch V. 9 versetzt in die Zeit von Dan. 11, s. unt., wie ferner die
allgemeine Bezeichnung der Stadt Nah. 3, 8 zu der scheinbar unbe-
stimmten Art stimmt, mit welcher in Dan. 11 von dem König des
Südens und Nordens gesprochen wird.

Bei dieser Auffassung gewinnt die Frage 3, 8 eine erhöhte Bedeutung und ganz neue Beleuchtung.   Nineve ist Bezeichnung des
syrischen Reiches unter Antiochus IV. Epiphanes.   Dieser führte Krieg
mit Ägypten, konnte aber trotz anfänglicher Siege Alexandria nicht
nehmen und musste schliesslich seine Unternehmung wegen des Einspruches der Römer aufgeben. S. die Einl. § 3.   Der Hinweis auf die
Schwäche des Syrers gegenüber dem starken Alexandria war sehr geeignet,
das Vertrauen der Juden zu stärken: auch das starke Alexandria wird
fallen, wie vielmehr der schwächere Syrer!   Die Gewissheit vom Falle
der ägyptischen Hauptstadt gründet sich entweder auf die allgemeinen
Weissagungen besonders des Jerem. und Ezech. gegen Ägypten oder
auf ein spezielles, uns nicht bekanntes Orakel, wie Dan. 11, 14 anzu-
deuten scheint.

המון ist Jes. 60, 5 masc., jedoch Job. 31, 34 fem.; bei Nah. wird
das Wort weiblich gebraucht, weil die Menge mit der Stadt gleich-
gesetzt wird, vgl. Apoc. 17, 18. — Wohnen an Strömen = durch sie
geschützt sein, Ez. 29, 3.   Wasser rings umher, nämlich das Meer,
der See Mareotis und der Nil. אשר חיל ים *ἦς ἡ ἀρχὴ θάλασσα* nicht:
die eine Feste des Meeres ist (Hitz.), denn חיל bedeutet wegen des
parallelen „Mauern": Vormauer, Wall, Jes. 26, 1, also: deren Wall

---

1) Vgl. Brugsch, Geogr. Inschriften I, 175, Lagarde, Mitteil. II, 261.
2) Dict. geogr. de l'anc. Egypte p. 291.

das Meer ist. Das Suff. nach חֵיל. ist wohl ausgefallen (Now.) und dieses haben die alten Vers. gelesen oder ergänzt. Im letzten Gliede ist mit LXX, Vulg., Syr. מַיִם Wasser zu lesen. Zum Ged. vgl. Jes. 33, 21.

V. 9 gleichfalls sehr schwer. Ausnahmslos sehen die Erklärer in 9 die Aufzählung der Bundesgenossen der Stadt V. 8. Dagegen erheben sich gewichtige Bedenken. In formeller Hinsicht ist die schwierigere L. A. des MT., der in der zweiten Hälfte die 2. Pers. (deine Helfer) aufzeigt, der offenbar erleichternden der LXX (βοηθοὶ αὐτῆς) vorzuziehen. Ferner erwartet man, dass nach der Macht der „Menge" (V. 8) diejenige Nineves geschildert werde (V. 9), gerade wie V. 10 der Untergang der „Menge" und darauf V. 11 der Nineves verkündet wird. Endlich kann wohl eine feste Stadt die Stärke eines Landes genannt werden, z. B. Ez. 30, 15, ebenso Bundesgenossen die Stützen eines Landes, Ez. 30, 6; nicht aber kann das Land (Ägypten im Verein mit Kusch und Put) die Stärke seiner Hauptstadt heissen. Gut würde demnach passen: Kusch ist deine (Nineves) Stärke und Ägypten . . .; selbst die Lybier sind deine Bundesgenossen. Während Now. 3, 9b nach LXX und Syr. die 2. Pers. (MT., Vulg., Chald.) in die 3. abändert, schlage ich 3, 9a die Änderung der 3. Person (עָצְמָה ohne Mappik!) in die zweite vor. Die Verwechslung von Kaph und He ist leicht zu erklären. Über die Spuren, dass in LXX ursprünglich die Anrede stand, und die Veranlassung der Änderung s. zu 3, 8. Mit Oppert aber 9a auf Amon, 9b dagegen auf Nineve zu beziehen, ist unmöglich, weil so fünf Zeilen von der Macht Amons und eine von der Macht Nineves sprechen würden, während sonst immer wenigstens zwei Zeilen zusammengehören. Zu den historischen Verhältnissen vgl. Einl. § 3, 2. Doch auch sonst ist MT. nicht unversehrt. LXX: οὐκ ἔστη (B. S.: ἔστιν) πέρας τῆς φυγῆς (σου) haben statt פּוּט gelesen פְּלֵטָה oder פְּרִיטָה (J. D. Michaelis) Entrinnung, Flucht; aber ihre L. A. gibt keinen Sinn, freilich ebensowenig der MT. „Kusch ist ihre Stärke und Ägypten und kein Ende". Auffallend ist schon die Stellung des nachhinkenden „Ägypten"; ferner: worauf soll sich: und kein Ende — beziehen? Es kann nicht heissen: Ägypten ohne Zahl (Now.). Einmal sind die Ägypter nicht zahllos und ferner wäre dies anders ausgedrückt worden, vgl. 1. Chr. 22, 4; Job. 5, 9; 9, 10; besonders stört das anfangende Waw: „und ohne Ende". Regelmässig folgt auf אֵין קֵצֶה die nähere Bestimmung mit Lamed, vgl. Nah. 2, 10; 3, 3; Jes. 2, 7; vgl. 2. Chr. 12, 3. Hier könnte übrigens die Absicht des Propheten nur sein, auf die Menge der Hilfsvölker, nicht der Ägypter hinzuweisen; das aber wäre nach 2. Chr. 12, 3 (und es war kein Ende der Menge . . .) ausgedrückt. — Schwierigkeit bereitet ferner im MT. פּוּט neben לוּבִים; letzteres sind sicher die Libyer, mit denen sonst LXX, Flav. Jos., Hier. Put gleichsetzen. Dümichen (Gesch. des alt. Ägypten) versteht unter Put = Punt die Punier und die neueren suchen dies Volk an der Somaliküste. Allein es ist doch sehr bemerkenswert, dass in Verbindung mit Ägypten regelmässig neben

Kusch auch Libyen (2. Chr. 12, 3; 16, 8; Dan. 11, 43) oder Put
(Jer. 46, 9; Ez. 30, 5; 38, 5), niemals aber Libyen und Put zugleich
genannt werden (Ez. 30, 5 ist der Text unklar; LXX haben Libyer,
aber nicht Put, MT. hat Put, aber nicht Libyer; Smend, Corn., Or.,
Berth., Kraetsch. wollen כוב in לוב nach LXX [?] ändern). Es
scheint demnach Kusch und Put = Kusch und Libyen, also Put =
Libyen zu sein und Put Nah. 3, 9 ist sehr verdächtig. Diese Meinung
wird sehr bestärkt durch die auffallend ähnliche Stelle Dan. 11, 42. 43:
er (Antiochus) streckt die Hand aus nach Ländern und das Land
Ägypten wird nicht entrinnen (לא תהיה לפליטה) .... und Libyer
und Kusch sind in seinem Gefolge. Dementsprechend lese ich im teil-
weisen Anschluss an LXX: Kusch ist deine Stärke und Ägypten
entrinnt (dir) nicht: ומצרים אין לפליטה, vgl. Gen. 32, 9, oder nach
Ps. 56, 8 (wo wohl ein nach אין ausgefallenes אין einzusetzen ist, vgl.
Baethgen) ולמצרים אין פלט. Dieser Gedanke liegt auch LXX zu
Grunde, die wohl ursprünglich lasen οὐκ ἔσται φυγή [σου], wobei σου
entweder Übersetzung eines für He gelesenen Kaph ist oder richtig
erklärend steht: Ägypten kann sich deiner nicht erwehren. Die Situation ist wie Dan. 11, 43: Kusch und Libyen sind unterworfene
Bundesgenossen, mit Ägypten besteht Krieg, in dem bisher Nineve
überlegen ist. Nachdem aus פליטה irrtümlich und wohl durch das
folgende לובים veranlasst פוט geworden war, stand ואין allein und man
ergänzte aus 2, 10; 3, 3 קצה, was später als πέρας in LXX eingeschoben wurde. So lässt sich die L. A. der LXX nur erklären, wenn
V. 9 auf Nineve bezogen wird. — Hält man aber „kein Ende ist"
für ursprünglich, so schlage ich vor zu lesen אין קצה למפלטיך und
zahllos sind deine Helfer, Schützer. Zur Bedeutung von פלט Pi. vgl.
Ps. 18, 3. 44. 49; 40, 18. „Zu deiner Hilfe": ב essentiae.

V. 10 erzählt den Untergang der „Menge", wie V. 11 den Nineves.
Dem zweimaligen גם in V. 10 entspricht das zweimalige in V. 11:
sowohl — als auch; so — wie. Das Geschick der beiden Städte (Mächte)
ist das gleiche, weil das aller Feinde Gottes. Die Alten (Cyrill.,
Theod., Hier. im Kommentar, Lap. u. a.), von den neueren O. Strauss
sehen nach LXX u. Chald. in 3, 10 die Verkündung eines zukünftigen
Untergangs der Stadt. Damit stimmt auch ירטשו des MT., das nur
von der Zukunft verstanden werden kann, während הלכה das sog.
perf. prophet. sein kann, das öfter, z. B. Hos. 14, 14, mit dem Imperf.
abwechselt. Now. ändert an ersterer Stelle ohne Grund das Imperf.
in das Perf. Der prophetisch gewisse zukünftige Untergang der „Menge"
verbürgt den Untergang Nineves. Bezüglich des ersteren hatte der
Prophet kein bestimmtes historisches Faktum im Auge, wie der allgemeine Wortlaut nahelegt, s. die Einl. — ב in בשבי hängt nicht
von הלכה ab, sondern ist ב essentiae: αἰχμάλωτος. Aus der Masse
des Volkes werden hervorgehoben die Kinder, die zerschmettert werden
(Hos. 14, 1; Jer. 13, 16; Ps. 137, 9), und die Vornehmen (Jes. 5, 13),
die als Sklaven behandelt werden (4. M. 31, 26; Joel 4, 3). An allen
Strassenecken = vor aller Augen, Jes. 51, 20; Thr. 2, 19.

**V. 11.** Trunkenheit ist Folge des göttlichen Zornbechers, Hab. 2, 16. עלם Niph.: verhüllt werden; nach Hitz., Stein, Now.: umnachtet, ohnmächtig sein, jedoch besser nach Job. 43, 3 tropisch: getadelt, verachtet werden (LXX, Vulg.). Auch Hab. 2, 16 ist Verachtung mit Trunkenheit verbunden. Zur Sache vgl. die gleichfalls ganz unbestimmte Ankündigung Dan. 11, 44. 45: erschreckt werden = trunken sein; niemand hilft = er sucht (vergeblich) Hilfe vor dem Feinde. Der Prophet ist vom Untergang des Feindes überzeugt, kennt aber nicht die Art und Weise. — LXX verwechseln מעוז mit עמר στάσις.

2. Strophe V. 12—15b: Trotz seiner starken Befestigung fällt Nineve.

‵12. All deine Festungswerke sind wie Feigenbäume mit
                    Frühfeigen:
      wer sie schüttelt, dem fallen sie zum Essen in den
                    Mund.

13. Siehe da deine Bevölkerung:
      (wie*) Weiber sind sie in deiner Mitte.
      Dem Feinde öffnen sich weit die Pforten deines Landes,
      Feuer frisst deine Riegel.

14. Schöpf dir nur Wasser der Belagerung!
      Mache nur fest deine Festungswerke!
      Tritt Lehm, stampfe Thon!
      Bessere aus *mit Ziegelsteinen*!

15a. Ebenda wird das Feuer dich fressen,
  b.      wird dich vertilgen das Schwert.

· **V. 12.** Alle Machtmittel werden Nineve nicht retten (V. 8—11), insbesondere nicht seine starke Befestigung. Nicht gemeint sind die assyrischen Festungen, wie V. 14 beweist, der von der Befestigung der Stadt redet. Das tert. compar. des Vergleichs ist nach gewöhnlicher Meinung die Sicherheit und Leichtigkeit der Einnahme Nineves; vgl. Apoc. 6, 13 (am Ende fallen die Sterne vom Himmel wie die Früchte beim Sturme). Allein da die Frühfeigen nicht leichter als die anderen fallen, wohl aber besonders schön und gut sind (Jes. 28, 4; Jer. 24, 2), so ist der Sinn: N. fällt schnell, wie man eine schöne Frucht mit Begierde eilig pflückt (Alb.). Jeremias übersetzt: ... wie Feigenlaub fallen sie dem Fresser ins Maul — und denkt dabei an Heuschrecken, Mal. 3, 11; Joel 1, 4, allein Feigenblätter schüttelt man nicht und die Heuschrecken fressen die frischen Blätter am Baume. — LXX: σκόπους ist wohl einfach Schreibfehler für καρπούς, nicht fehlerhafte Verkürzung für συκᾶς + καρπούς (Capell, vgl. Schleusner und Vollers).

**V. 13.** Die Mutlosigkeit wird nicht, wie Now. meint, als ein infolge des Falles der Grenzfestungen schon eingetretener Zustand geschildert, sondern als die Ursache des künftigen Falles von Nineve. Die Perf. stehen wie oft abwechselnd mit Imperf. von der Zukunft

wie V. 10; vgl. Jer. 50, 37, besonders 51, 30. Vor נשים ist mit
LXX nach Jes. 19, 16 ein wegen des Homoiotel. ausgefallenes Kaph
zu ergänzen. „In deiner Mitte" ist pleonastisch, LXX: ἐν σοί, wie
Jer. 50, 37, also: dein Volk. Die Thore des Landes und die Riegel
sind nicht die Grenzfestungen Assyriens (so Now.), sondern die
Festungswerke Nineves, s. V. 14, und ארץ ist das Stadtgebiet von
Nineve und dasselbe Wort wird z. B. 1. Sam. 9, 4. 5 von kleinen
Gebieten gebraucht. Doch kann, da immer nur von Nineve die Rede
ist, „dein Land" auch andeuten, dass „Nineve" nicht als Stadt im gewöhnlichen Sinne, sondern als Macht, zu deren Gebiet nach 3, 18 auch
Berge gehören gedacht ist. „Die Pforten deines Landes" muss parallel
sein zu „deine Riegel", Hier.: portae tuae. Die Riegel stehen als
pars pro toto für die Thore, Jer. 51, 30; es sind eigentlich die
hölzernen Querbalken.

V. 14—15 b: ironische Aufforderung, alle Mittel zur Verteidigung
anzuwenden; es wird nichts helfen. Der Sinn ist nicht, wie gewöhnlich
gesagt wird: die Grenzfestungen sind schon gefallen, nun gehts an
dich Nineve, wehre dich!; denn in diesem Falle wäre V. 12 und 14
die Rede von den Befestigungen N. (beidesmal מבצריך), dazwischen
von den Grenzkastellen. Wenigstens müsste der behauptete Wechsel
irgendwie angedeutet sein. Vielmehr steht die Aufforderung, Nineve
zu befestigen (V. 14), poetisch schön für die Schilderung der starken
Befestigung, auf welche die Einwohner vertrauen. Vgl. die Sitte
Homers, einen Gegenstand in seiner Entstehung zu zeigen, statt ihn
in fertigem Zustande zu beschreiben. Sinn: N. mag noch so stark
sein und in der Stunde der Gefahr sich noch so sehr verteidigen, es
ist vergeblich. Wasser der Belagerung ist der Vorrat zum Trinken
und Kochen und steht für Lebensmittel überhaupt. חזק festmachen,
ausbessern, 2 reg. 12, 8. Die Emendation von בוסי stampfe (Graetz,
Now.) statt באי ב ist unnötig, in den Lehm gehen, um ihn zu treten.
מלבן bedeutet wohl nicht Ziegelofen (gewöhnl. Erkl.), auch nicht Ziegelform (Now.), denn beides nimmt sich nach den vorausgehenden Sätzen
etwas nüchtern aus, sondern wie Jer. 43, 9, vgl. 2. Mos. 24, 10, das
aus Ziegeln Gemachte, hier die Ziegelmauer. Doch besser erscheint
die L. A. der Vorlage von LXX: κατακράτησον (bessere aus) ὑπὲρ
πλίνθον. Sie lasen wohl auch in der letzten Zeile חזקי (Piel statt
des Hiph. im MT.) und בלבנה (mit Ziegelsteinen), verstanden aber:
errichte Befestigung auf, über den Ziegelsteinen, d. h. der Ziegelmauer.
Bei der Übersetzung: richte her den Ofen oder die Ziegelform — vermisst man den Abschluss des Gedankens.

V. 15 a. b. Die Mühe ist umsonst, gerade da, wo sich das Volk
sicher fühlt, ereilt es der Untergang. שם ist nicht temporal (Now.),
sondern dient einerseits wie Hos. 6, 7 der Feierlichkeit der Rede und
hat andererseits die Bedeutung: gerade da. Feuer und Schwert sind
die Strafwerkzeuge Gottes. Der dritte Satz: wird dich fressen wie
Heuschrecken — passt gar nicht, ob man Heuschrecke (mit Lap.,
Strauss, Knab.) als Subjekt nimmt oder als Objekt. Ersteres nicht,

weil Schwert Subj. ist und dies nicht mit Heuschrecken verglichen
werden kann, welch letztere auch nicht Menschen fressen oder töten.
Am meisten spricht dagegen, dass in den folgenden V. Nineve selber
mit einem Heuschreckenschwarm verglichen wird, weshalb unmittelbar
vorher nicht der Zerstörer Nineves Terminus desselben Vergleiches sein
kann. Als Objekt passt Heuschrecke nicht, weil diese nicht durch
das Schwert vertilgt wird. Überhaupt wäre es unschön, wenn plötzlich
am Ende der Strophe das Bild von der Belagerung verlassen würde.
Ausserdem zerstört der Satz, zu dem sich keine zweite Zeile finden
lässt, den Parallelismus; er ist mit Wellh., Now. zu streichen. In
einer Handschr. werden die Zeilen 15 a: es frisst dich das Feuer, und
15 d: du bist fett geworden wie Heuschrecken — unter einander
gestanden sein und so konnte durch Abirren der Augen leicht das
Verb der oberen Zeile auch in die untere kommen. Ein zweiter Abschreiber setzte aus einem anderen Exemplare die Zeile in der richtigen
Form (15 d) daneben und LXX sahen darin eine Korrektur der folgenden ähnlichen Zeile (15 e) und liessen letztere weg, während sie die
wirklich zu korrigierende Zeile (15 c) beibehielten.

3. Strophe V. 15d—17: Das Vertrauen Nineves auf seine
Volksmenge und seinen Reichtum wird zu Schanden.

15 d. Du magst* fett geworden sein wie die Heuschrecken,
  e.      du magst dich vermehrt haben wie die Grashüpfer,
16.  Du magst deine Kaufleute vermehrt haben,
      mehr als Sterne am Himmel sind:
      Die Heuschrecken bewegen sich und fliegen fort:
17.     *es springt davon dein Gemisch*. [.]
      Gleich Heuschrecken, die sich an den Mauern lagern
      am Tage der Kälte:
      Die Sonne geht auf und sie fliehen dahin
      und niemand weiss mehr ihre Stätte. [.]

Nineve ist durch seinen Handel sehr reich geworden, allein der
Reichtum wird mit einem Male vernichtet. Denselben Gedanken enthält Ez. 27: Tyrus, die Händlerin der Völker (V. 3), gleicht einem
prächtigen Schiffe voller Waren, die es allen Völkern abgenommen,
allein im Sturme des Herrn geht das Schiff unter mit Bemannung und
Ladung. Damit stimmt Nah. 2, 10—14: der Raub Nineves wird ihm
abgenommen. — 15 d. e, 16 a. b enthalten die konzess. Vordersätze, mit
16 c beginnt der Nachsatz.

V. 15 d. e. Im ersten Satz steht imp. masc., im zweiten imp.
fem., weshalb Now. beidesmal u. V. 16 a imp. fem. lesen will. Besser
setzt man mit LXX, Syr., Chald. 15 d. das Perf. f.: התכבדת, wozu
dann 16 a הרבית passt. Die Perf. stehen konzessivisch, vgl. Jer. 51, 14.
Der zweite Satz (15 e), den Now. streicht, ist wegen des Parallelismus
unentbehrlich; er ist enthalten in Ms. 23. 62. 87. 91. 147. 310, im
Syr. Hexapl., in der griech. Vorlage des Hier., bei Theophyl.: πλη-
ϑύνϑητι ὡς βροῦχος, während Par. Polygl. nach Reinke πληϑού'ϑητι

bietet. Das Minus der LXX ist leichter zu erklären als ein Plus des MT., s. zu 3, 15 b. — כבר kann „zahlreich" bedeuten, vgl. oben 2, 10; 1 (3) reg. 10, 2; jedoch steht es hier, wo vom Reichtum der Handelswaren die Rede ist, in der Bedeutung: schwer, fett sein, wie in der ähnlichen Stelle Ez. 27, 25, vgl. Coh. 12, 5 [1]); hier: sich satt und fett fressen. Statt des zweiten התכבדת ist besser das Hitpa. von רבה: sich vermehren — zu lesen, weil alle Vers. zwei verschiedene Wörter gelesen zu haben scheinen und das πληθύνθητι der oben genannten griech. Ms. auf רבה weist. Auch ist unwahrscheinlich, dass in zwei, dem Sinne nach ganz gleichen Zeilen dasselbe Verb gebraucht ist. Vielleicht hat gerade dieser später im MT. sich findende Umstand die Weglassung in LXX mitverschuldet. Zwar kommt das Hitp. von רבה sonst nicht vor (oft im Chald.), aber auch nicht das Hitp. von כבר in dem hier gebotenen Sinne. Nineve wird mit gefrässigen Heuschreckenschwärmen verglichen.

V. 16. רכליך deine Kaufleute, unnötig hat man רכליך milites mercenarii [2]) emendiert oder רגליך dein Fussvolk [3]); allein das erstere Wort kommt in diesem Sinne nicht vor und das zweite steht sonst stets als Gegensatz zu Reiterei. Warum soll gerade das Fussvolk erwähnt werden? Der Grund kann nicht der sein, dass Pferde und Wagen zum Festungskrieg nicht taugen, denn die Erzählung der Belagerung ist mit 15 b offenbar abgeschlossen. „Kaufleute" passt gut zu כבר, sie sind die Begründer des Reichtums. Der Handel ist derselbe wie Nah. 3, 4: die Verführung der Völker, Jes. 23, 17; Apoc. 18, 23.

Mit 16 c beginnt der Nachsatz. Das Verhältnis von 16 c zu 17 a könnte man so auffassen, dass der Begriff der gleich Heuschrecken vom Raube fetten Feinde zerlegt wird in die Heuschrecken = Nineves Bewohner, 16 c, und in ihren Raub. Doch besser nimmt man 16 c als Vordersatz und 17 a als Nachsatz des Vergleichs (wie die Heuschrecken — so deine Menge); der Rest von 17 gibt die nähere Ausführung. ילק פשט kann sich nicht auf die Eroberer Nineves beziehen (sie haben N. ausgeraubt und sind dann davongeflogen: Strauss, Klein, Keil, Knab.), denn in diesem Falle müssten unter den Heuschrecken V. 15 die Assyrer, V. 16 deren Feinde und V. 17 wieder die Assyrer verstanden werden. Bei פשט an die letzte Häutung der Heuschrecke zu denken (Now.), liegt dem Sinn des Vergleichs ganz ferne. Das Wort bedeutet wie Judic. 9, 33. 44: herausziehen, aufbrechen, sich in Bewegung setzen. Gemeint ist die Bewegung, die in den träger Ruhe pflegenden Heuschreckenschwarm, mit dem Nineve verglichen wird, kommt, wenn er den schützenden Ort verlässt und auseinanderfährt; Vulg.: expansus est et avolavit, vgl. Hos. 9, 11.

V. 17. Die Herstellung des Textes und die vielen Erklärungsversuche s. in der Einl. § 4. Ich lese im Anschluss an LXX 17 a

---

[1]) A. v. Scholz, Prediger zu 12, 5.
[2]) Kreenen, Nah. vatic. 1805.
[3]) Süsskind in theolog. Stud. u. Krit. 1835 I, 156.

נתר מַעֲרְבֵךְ es springt, läuft vor Schrecken davon dein Gemisch. נתר vor Angst aufspringen Job. 37, 1; Hab. 3, 6 (von den Bergen); 3. Mos. 11, 21 (von Heuschrecken). מַעֲרָב oder עֵרֶב bedeutet sowohl die Misch-völker als auch die Mischwaren, Ez. 27, 9. 13. 17. 19. 25. 27. 29. 33; 2. Mos. 12, 37. 38; vgl. 4. Mos. 11, 14; Jer. 25, 20. 24; hier: die unterworfenen Völker (Ez. 27, 33, Vulg.: populi tui), welche den Reich-tum dieses „Kaufmanns" ausmachen. טַפְסַר ist aus einer Glosse ent-standen und zu streichen; ὡς ἀττέλεβος ist erst später in LXX aus MT. eingedrungen; גּוֹב, das sich nicht mehr findet, ist als Dittographie mit LXX und Syr. zu tilgen. גּוֹבַי hat als Collect. den Plur., wes-halb auch נוֹדְדוּ zu lesen ist (dessen Waw wegen des folgenden gleichen Buchstabens ausfiel) und מְקוֹמָם. Die Schlussbemerkung: wo sie waren (אַיָּם LXX: οὐαὶ αὐτοῖς) ist besonders am Ende der Strophe unleidlich schwach. Schon der Plur. nach dem vorausgehenden Sing. deutet auf die Entstehung durch eine Korrektur. Es hat wohl ein Abschreiber, veranlasst durch den schon vorgefundenen Sing. נוֹדֵד, über מְקוֹמָם das Suff. וֹ hineinkorrigiert, so dass nun מְקוֹמָם oder ähnlich gelesen wurde, was man ratend zur jetzigen L. A. ergänzte. Noch leichter erklärt sich die Sache, wenn das einkorrigierte Suff. chald. Form, etwa וֹהִי, hatte. LXX lasen wohl אַיָּם (Voll.). Die folgenden Zeilen führen das Gleichnis näher aus, aber es scheint sehr zu hinken. Die vielen Hilfs-Völker, durch die Nineve „fett" geworden, nützen nichts in der Stunde der Not und schwinden hinweg, wie Heuschrecken beim Auf-gang der Sonne wegfliegen. Einmal ist auffällig, dass V. 16 Nineve selber mit Heuschrecken verglichen wird, jetzt dagegen sein Gemisch; allein beide sind eins und teilen dasselbe Geschick, und deshalb bezieht sich der Vergleich auf beide. Auffallender ist, dass, während die Kälte den Heuschrecken Erstarrung bringt und die Wärme Belebung, in der Anwendung auf den Feind die Kälte einen glücklichen Zustand, der Aufgang der Sonne aber die Vernichtung bedeuten muss. Man kann erwidern, dass das tert. compar. das plötzliche und völlige Verschwinden der grossen Menge ist, auf welche der Feind vertraut, und dass der Vergleich im übrigen nicht zu pressen ist. Vielleicht aber hat bei der Ausführung des Vergleiches die Vorstellung mitgewirkt, dass „Heu-schrecken" die bildliche Bezeichnung des grossen Feindes sind (Joel; Am. 7, 1 LXX, vgl. Apoc. 9, 3). Dann wäre der Sinn: wie des den Feinden Gottes ergeht, die zeitweise ruhig in ihren Mauern (Art.!) wohnen (Gen. 26, 17; Ex 13, 20), aber bald beim Eingreifen Gottes untergehen. Tag der Kälte und Aufgang der Sonne bedeuten in diesem Zusammenhange die Zeit der Prüfung resp. der Errettung des Volkes Gottes, vgl. Jes. 17, 14 (Abendzeit — Morgen); ebenso Kälte — Licht, Zach. 14, 6[1]); Finsternis — Sonne, Esth. LXX 1, 6. 8; 10 (Graec. A), wo Sonnenaufgang als die Erscheinung des Herrn erklärt wird. — Nimmt man das Gleichnis im gewöhnl. Sinne, so bedeutet Tag der

---

1) Wellh. und Now. emendieren unnötig Zach. 14, 6: חוֹם Hitze statt אוֹר. Die Stelle sagt, dass in jener Zeit nicht mehr Prüfung und Rettung wie jetzt wechseln, sondern dass dann für das Volk Gottes immer Licht und Tag sein wird, d. h. die Zeit der Vollendung gekommen ist, vgl. Job. 11, 17.

Kälte soviel als Zeit der Kälte (Tag = Zeit Coh. 7, 14. 15), die Nacht-
kühle, wie die nächste Zeile zeigt. — Zu den Schlussworten: ihre
Stätte wird nicht mehr gefunden, d. h. sie sind spurlos verschwunden —
vgl. Ps. 103, 16; Apoc. 18, 21; Jes. 17, 14.

**4. Strophe 3, 18—19: Triumphlied über Nineves
Untergang.**

18. Es schlafen deine Hirten [. .],
es *liegen da* deine Grossen.
Zerstreut ist dein Volk über die Berge
und keiner sammelt sie.

19. Keine Heilung gibt es für deine Wunde,
tödlich ist dein Schlag.
Alle die dein Schicksal vernehmen,
klatschen über dich in die Hände.
Denn über wen ist nicht ergangen
ohne Unterlass deine Bosheit?

Die V. 18. 19 sind nicht Fortsetzung der bisherigen Schilderung,
sondern zusammenfassender Abschluss. Deshalb ist auch der Ton ein
wesentlich anderer. Aus dem Vorausgehenden spricht ein heiliger
Affekt, eine starke innere Bewegung: trotz deiner jetzigen Macht wird
dich der Herr vernichten. Nun aber ist die Seele des Propheten völlig
ruhig und sicher geworden. Jede Weissagung vom Untergang des
Feindes ist im Grunde die göttliche Antwort auf das Gebet des mit
seinem Volke leidenden, tief erregten Propheten, vgl. Hab. 1, 2; 2, 1. 2;
3, 16. Nun ist der Prophet der Rettung innerlich gewiss geworden
und lässt den Sturz Nineves in fast historischer Ruhe an sich vor-
überziehen, vgl. das ganz ähnliche Verhältnis zwischen Hab. 3, 16—19
zu 3, 1—15. Deshalb ist der Ton fast elegisch zu nennen: so vergeht
die Herrlichkeit der Welt. Darum ist Wellhausens Meinung, die
Sicherheit von 3, 18. 19 lasse auf Anfügung dieser V. nach voll-
zogenem Gerichte schliessen, unbegründet.

V. 18. Nineves Volk ist wie eine zersprengte Herde, deren
Hirten erschlagen sind. נמו bedeutet nicht die Sorglosigkeit der Anführer (Mich., Kreenen, Wellh.), denn ein solcher Gedanke wäre
am Schlusse sehr matt und vor V. 19 nicht am Platze, wie Now.
richtig bemerkt. Es ist vielmehr der Todesschlaf gemeint, Ps. 76, 6;
Jer. 51, 39. — Auffallend ist, dass plötzlich der König von Assur
genannt wird, von dem bisher nicht die Rede war. Das ist in einer
Schlusszusammenfassung fast unerträglich. Noch auffallender ist, dass
von den Hirten des Königs gesprochen wird, während sonst die Könige
als Hirten des Volkes erscheinen, z. B. Jer. 3, 15; Ez. 37, 24. An
unserer Stelle wird Nineves Volk mit einer Herde verglichen und deshalb müssen die hier erwähnten Hirten die des Volkes sein. So ist
der Ausdruck „Hirte" sonst immer gebraucht, z. B. Jer. 25, 34—36;
Mich. 5. 4; Zach. 13, 7; 1 reg. 22, 17. „Dein Volk" muss V. 18
dasselbe sein wie V. 13: Nineves Volk und „dein Verderben", „dein
Schlag" kann sich nur auf das Volk beziehen, nicht auf den König.

Ich halte deshalb „König Assur" für eine Glosse zu „deine Hirten".
Diese Entstehung lässt noch der Syr. erkennen, der „Könige Assur"
als Apposition zu „deine Freunde" (רֵעֶיךָ) fasst. Auch in LXX ist
βασιλεὺς Ἀσσ. (Nomin.!) kaum ursprünglich, sondern es scheint anfänglich 18 b etwa ἐκοιμήθησαν οἱ δυνάσται σου (vgl. Jes.
5, 27) gelautet zu haben und erst später, als „König Assur" aus dem MT.
eingetragen wurde, suchte man dies mit dem Folgenden in eine gram-
matische Verbindung zu bringen, wodurch aber der Zusammenhang
gestört wurde. Denn wie soll der König Assur die Vornehmen Nineves
in Schlaf versenkt haben? Mit O. Strauss aber in der L. A. von
LXX eine Anrede an Israel zu sehen, verbietet der Sinn. Angeredet
ist wie überall Nineve und deshalb sind die suff. fem. herzustellen. —
LXX ἐκόμισε lasen statt ישכנו sie ruhen — wohl eine Form von
שכב, ebenso Vulg. (sepelientur) und das wird ursprünglich sein (Now.);
Wellh. schlägt ישנו vor. נפץ = נפש 1 (3) reg. 22, 17, wo das
gleiche Bild, wie auch Num. 27, 17; Zach. 13, 7. „Zerstreut werden
auf den Bergen, ohne dass einer sammelt" bedeutet nicht bloss das
Zersprengen der Scharen, sondern in der Anwendung auf Menschen
den Tod ohne Begräbnis. So erklären LXX Jes. 14, 19, vgl. Ez.
39, 3. 4. 5. Sammeln = begraben, Jer. 25, 33. Der Sinn kann nicht
sein: Nineves Volk ist furchtsam und ratlos, denn es heisst nicht:
dein Volk ist wie eine zerstreute Herde, sondern: dein Volk ist zerstreut. Da nun das Volk V. 15 in N. selbst fällt, hier aber auf den
Bergen, so kann Nineve nicht im buchstäblichen Sinn als Stadt gemeint
sein, sondern ist Deckname des zeitgenössischen Feindes.

V. 19. כהה als Substant. sonst nicht mehr vorkommend:
Löschung, Linderung. Tödlich ist der Schlag, das Gericht ist unab-
wendbar. Zum Ausdruck und Gedanken vgl. Jer. 30, 12; 51, 8;
8, 22; 46, 11. — Deine Kunde: die Kunde von deinem Schicksal,
Jes. 23, 5. In die Hände klatschen ist Gestus der Freude, Jes. 55, 12;
Ps. 47, 2; 98, 8. Alle freuen sich, weil alle durch Nineves Untergang
von grosser Tyrannei befreit werden. Die Unterdrückten sind die
durch Buhlerei und Zauberei Verkauften, V. 4, denn es wird Kap. 3
Nineve keine andere Unthat zum Vorwurfe gemacht. So kehrt der
Schluss des Kap. zum Anfang zurück, indem die Vergeblichkeit des
feindlichen Strebens kräftig betont wird. Dass das Ende des zweiten
Teiles (V. 8—19) an den Schluss des ersten allgemeinen Teiles (V.
1—7) anschliesst, indem beidesmal die Freude über Nineves Fall zum
Ausdruck kommt, beweist die Richtigkeit unserer Einteilung.

V. 19 kann nur so aufgefasst werden, dass die Völker durch
Nineves Fall aus gegenwärtiger Knechtschaft befreit wurden, vgl. Jes.
14, 4—8; Hab. 2, 6; Nah. 2, 2. Das aber trifft besonders, was Israel
angeht, für die Zeit um 606 nicht zu, denn damals war die Glanzzeit
Assyriens längst vorüber.

CPSIA information can be obtained at www.ICGtesting.com
Printed in the USA
BVOW06s1416280616

453776BV00017B/103/P